JN010326

風まかせ

声優・井上和彦の仕事と生き方

Kazuhiko Inoue
井上和彦

宝島社

FanTop NFT デジタル特典付き

声優　井上和彦　70歳

KAZU

作品の空間に入って、
役として　ただ　そこにいる
これが一番難しい　だから面白い

ADTECHNO

ADTECHNO

ADTECHNO

ADTECHNO

趣味はウインドサーフィン
ロードバイク

思いっきり体を動かそう！
自然のエネルギーを吸収して
感性を磨こう

失敗して転んでもいい　大切なのは
転んだ後　何を摑んで　どう立ち上がるかだ

FEATHER
FACTORY
POST

お芝居って楽しい
満足できないから面白い
今僕は　その原点に帰って来た
お芝居は究極の遊びだ

風吹くままに
とどまることなく
前に　進もう

ATLAS-D
NEILPRYDE

プロローグ

声優という仕事を始めてから50年が経ちました。

よく続けてこられたな、とは思いますが、正直に言えば、長かったという実感はそれほどありません。芝居という楽しい遊びに夢中になっているうちに、いつの間にか時間が過ぎていたようです。特別な才能があったわけでもないし、漫画のような特訓をしたわけでもない。目の前の仕事に対して、一つずつ自分なりに誠実に取り組んできただけなのです。

僕は40歳から趣味でウインドサーフィンをやっています。名前の通り風を読むスポーツですが、これを始めてから、特に自然の力を意識するようになりました。風はいつも気まぐれで自分の思い通りには吹いてくれません。始めた頃は波の上に立てただけで嬉しかったし、気まぐれに吹く風と自分の動きがピタリとハマって波の上を進んでいけると、とても気持ちがいいものです。上手くいかないことの方が圧倒的に多いのですが、それもまた、たまらなく面白いのです。

ウインドサーフィンをやっているうちに、声優の仕事も同じようなものだと気がつきました。声優はどんな仕事や役と出会えるのか、自分でコントロールすることができません。あの作品に出たい、こんな役が演《や》りたいと思っても、キャストを選ぶのは作品を制作する人たちです。僕たちは依頼をいただけた作品や役に対して全力でお芝居をするだけなのです。

そう気づいてからは、どうにもならないことを思い悩むより、吹いてきた風に身をまかせていこうと考えられるようになりました。もともと、ずっとそんな生き方がしたいと思っていたのかもしれません。

もちろん、風まかせといっても、ただ適当に吹かれてきたわけではありません。その時々で、自分にできる限りの努力をしてきました。たくさんの人に助けてもらいながら、どこに向かって進んでいくかもさんざん悩みました。そうやってたどり着いたのが今の僕なのです。

この人に会わなければ、今の自分はいなかった。僕にはそんな恩人がたくさんいます。本当にたくさんのいい出会いに恵まれたと思います。何もできない新人だった僕を、時には呆れ、時には叱りながら、一人前の声優になるまで見守ってくださった先輩方、道を示してくださった先輩方。養成所で出会い一緒に声優になる夢を追いかけた親友や、この世界に入って出会い、数えきれないくらいの刺激を与えてくれた同世代の戦友たち……。

制作の方々も声優としての僕を育ててくださいました。たくさんの声優さんの中から僕を見出《みいだ》して作品に起用してくださったり、自分では思いもよらなかった新しいお芝居を引き出していただいたことが何度もあります。そのおかげでお芝居の幅が広がり、こうして長く続けることができているのです。

最近のスタジオは若い声優さんがたくさんいて、僕もその中に交ぜてもらって楽しくお仕事ができています。若い感性はとても刺激的で、彼らから教わることもたくさんあります。

声優は役を演じる仕事です。そのためにはまず人を知らなければなりません。もちろん簡単なことではなく、正解も終わりもないのですが、幸い僕は人間が好きで、人を知ることが好きです。年上の大先輩から若い新人声優さんまで、今も昔も年齢差を意識することなく付き合ってこられました。もし僕に声優としての才能があるとすれば、それは「人を好きになる才能」かもしれませんね。

とにもかくにも、プロの声優として50年目を迎えられたことを誇りに思います。これから語るのはあくまでも僕の人生です。僕の生き方であって、あなたの生き方ではありません。生まれた時代も育った環境も、性格も声も、出会った人もまるで違います。僕は失敗もたくさんしましたから、必ずしも成功の生き方というわけでもありません。それでも僕の経験が、少しでもあなたの人生の役に立つことがあったなら、こんなに嬉しいことはないと思います。

風まかせ　声優・井上和彦の仕事と生き方　目次

第2章　駆け出し新人声優時代

第3章　代表作は二枚目ヒーロー

第4章　様々な役との出会いと成長

第5章　声優を支える立場への転身

第6章　いちプレイヤーとして原点回帰

第1章

井上和彦ができるまで

実家は横浜の町中華

僕が生まれたのは1954年3月。終戦から9年後になります。生まれ育った横浜は、激しい空襲によってかなりの被害を受けていました。子どもの頃はまだ戦争の爪痕がそこかしこに残っていて、燃え残ったり、崩れかけた家を直して、普通に人が住んでいたんです。

実家は中華食堂をやっていました。店舗の奥にトイレに行く廊下があり、両親がお店で働いている間、僕はその廊下で過ごしていました。何をやっていたか記憶はありません。

僕の一番古い記憶は、3歳の頃に家の2階の和室で見た光景です。それはこの家に引っ越してきた日のこと。僕は母と二人で押入れを掃除していました。前の住人が残していった段ボールの一つを開けた瞬間、母が「ギャーッ！」と悲鳴を上げて尻もちをつきました。隣からのぞき込むと、段ボールの中にはネズミの赤ちゃんがぎっしり！　誰も住んでいない間にネズミが子どもを産んでいたんですね。母は驚くやら怒るやらしていましたが、僕はその横で段ボールの中の子ネズミたちを見てニコニコしていました。なんだかものすごく可愛かったんです。その後、子ネズミたちがどうなったか記憶はありませんが、とにかくそれが僕の一番古い記憶です。

ご近所さんとの距離も近くて、ほとんど全員が顔見知りでした。うちの隣はおじいさんとおばあさんが二人でやっているお菓子屋さん、長屋の端にはご両親を戦争で亡くした二人兄妹が住んでいて、その妹だった「きしえちゃん」は、学校から帰ってくるとよくうちのお店に手伝いに来ていました。僕が小さい頃、きしえちゃんは僕を背中におぶって面倒を見てくれていたそうで、僕は物心がつくまで、きしえちゃんを本当のお姉さんだと思っていたくらいです。

みんなに可愛がられていて、町内の人は全員が親戚だと思っていました。お菓子屋のおじいさんには、よく遊びに連れて行ってもらい、二人で静岡県の日本平まで旅行したことも。電車の時刻表を見ながら一生懸命旅行の計画を立てたのはいい思い出です。

僕にとって、子どもの頃から店の手伝いをするのは当たり前でした。働かざるもの食うべからずではないですが、手伝わなければお小遣いももらえず、高校卒業までずっと出前を手伝っていました。初めて出前をしたのは小学校2年生の頃。小2の子どもに出前はまだ荷が重かったみたいです。ラップのような便利なものもなく、どんぶりを岡持ちに入れてラーメンを運び、到着してどんぶりを取り出すと中身がだいぶ減っています。「あれっ?」と、歩いてきた道を振り返ると、こぼれた汁が点々と続いていていました。幸いお客さんが「これでいいよ」と優しく許してくれた気がします。

毎年の大晦日には、年越しそばならぬ年越しラーメンの出前を夜遅くまで手伝いました。だから僕は大人になるまでずっと、年越しそばはラーメンだと思っていたくらいです。ちょうど『紅白歌合戦』が盛り上がっている時間帯が一番忙しく、除夜の鐘が鳴り始める頃どんぶりを回収します。真っ暗だし寒いし、時々、野良犬に吠えられたりしました。出前先には知り合いやクラスの友達の家もあって、暖かい家の中から漏れてくる楽しそうな声を聞いて、さすがに「なんで僕だけこんな働いてるんだよ。サラリーマンの家の子どもはいいなあ」なんて思っていました。

夏になると、お店で出すかき氷を作るのも僕の仕事です。

「いや〜今日は暑いなあ、和ちゃん、大盛りにしてよ」

「いいですよ！　サービスしますね！」

と、大人のお客さんとも普通に会話をしていた記憶があります。

思えば小さい頃から周囲の大人とたくさん会話をしていたことが、誰と話をしても年齢差を感じることなく自然に話ができる僕の性格を作ったのかもしれません。

仕事熱心だった両親の不器用な愛情

父は広島で終戦を迎えました。そう、原子爆弾が広島に投下された日、出征していた父はすぐ近くの町にいたのです。

戦争が終わると、地元の横浜に戻ってきましたが仕事もなく、とにかく食うためには何かしなければと見つけたのが進駐軍のコックという仕事。父は子どもの頃から食べ物に苦労していたので、「食べ物屋になれば、とりあえず食べることには困らないだろう」と思いつき、この仕事を始めたのだとか。

いくつかのお店で働きながらお金を貯め、小さなお店を借りて独立。最初に開いたのはコロッケ屋さんで、屋号は「安井屋」。父はダジャレが好きで、つまりは「安いや！」。そして次のお店の名前は「㐂楽」。「㐂ぶ」は「喜ぶ」の異字体で「きらく」と読みます。父は「気楽に生きようよ」という意味を込めたそうです。

名前といえば、僕の「和彦」という名前も父の独特のネーミング感覚で付けられました。僕が生まれたとき、すごく美人な看護婦さんがいたので彼氏の名前を聞き、字画を調べたら「大きくなってからも成功できる名前」とわかったので、「じゃあ、それにしよう」と決めたとのこと。冗談のようですが、どうやら本当らしいです。父ともっと話をしたかったと思うこともありますが、これだけは聞かなくてもよかったかな……。

父も母もとにかく働き者で、日曜日もほとんど休まず仕事をしていました。朝、お店の厨房からトントントンっと包丁の音が聞こえてきて、それが目覚まし代わりでした。朝食の準備ではなく、お店の仕込みの音です。

小学校2年生の父兄参観日のこと。来てくれた父に先生が「できたら日曜日くらいはお子さんと遊ぶ時間を作ってあげてください」とお願いしてくれたんです。別に「さびしい」とか「もっと遊んでほしい」なんて一言も言ったことはなかったのですが、先生は何かを感じてくれていたんでしょうね。

両親はすぐ次の日曜日に店を休みにして、僕を遊びに連れて行ってくれました。次の週もその次の週も、それからは毎週日曜日になると僕をいろんなところに連れて行ってくれるようになったのです。父にとって先生から聞いた「日曜日には一緒に過ごす」という家族像が、普通の家族の幸せに思えたのでしょう。

父は海の男で釣りが趣味、母は小田原の山に近い場所で育っていたので、遊びに行くときは釣りに行くか山に行くかのどちらか。「和彦、今日はウナギ釣りに行くぞ！」といきなり連れ出され、牛乳瓶ぐらいの太さのウナギを何匹も釣り上げ、父自らさばいて近所に配っていたこともありました。山ではよく野草を摘んで、取ってきたふきを天ぷらにしたり、よもぎ団子を作って食べていました。大人になった今でも、海も山も大好きです。子どもの頃に両親と一緒に過ごした楽しい時間が記憶に残っているからかもしれません。

父は、生まれたときに母親が亡くなり、父親もわからず、お兄さんも11歳のときに木から落ちる事故で亡くなったそうです。なので「人の優しさ」や「家族」というものに飢えていたのかもしれません。家族がどういうものかを知らずに育った父は、家族というものを手探りで探しながら、見よう見まねで自分なりに理想の優しい家族を作ろうとしていた気がします。だからでしょうか。父は「家族は、こういうときは必ずこうするものだ」といった決めつけや思い込みが多く、こうと決めたらやることが極端でした。当時の僕はそれが嫌だったのですが、今思えば愛情に不器用だった父なりに、精一杯の愛情で僕を育ててくれたのだと思います。店名からもわかるように、明るくてひょうきんなところもあって、しょっちゅうダジャレを口にして周りの人を笑わせていました。ただ子ども心にはそこもちょっと複雑で、僕は「そんないちいち面白いこと言わなくてもいいよ」と、いつも思っていた気がします。ほら、親が目立ちたがりだと、子どもは恥ずかしかったりするじゃないですか。

なんだかんだ言っても、僕は父の作る料理が大好きでした。横浜名物サンマーメン、かた焼きそば、揚げワンタン、酢豚……。夏の冷やし中華も美味かった。中でもやっぱりラーメンは僕にとってのソウルフードで、幸せな子ども時代のイメージそのものです。学校から帰ってくるとほぼ毎日のようにラーメンを食べていたし、たまに入っているほうれん草がちょっとした贅沢《ぜいたく》に感じられたものです。

「大阪万博に行くか、カラーテレビを買うか」

ところで。僕の家にはかなり早い時期からテレビがありました。

その頃の庶民の娯楽といえば、王道はラジオと映画。テレビが本放送を始めたのは１９５３年のことで、僕が生まれる前の年です。当然テレビはめちゃくちゃ高価で、サラリーマンの月給が１万円程度の時代に、20万円以上したそうです。そのテレビが家にありました。食堂を始めたものの料理に自信がなかった父は、客寄せの目玉として一大決心をしてテレビを買ったのです。一般庶民がテレビを見るには街頭テレビくらいしかなかった時代、父の目論見《もくろみ》は的中し、食堂にはテレビ目当てのお客さんがたくさん来るようになりました。当時は圧倒的に歌番組が多く、大人に人気だったのはプロレスなどのスポーツ中継や演芸番組です。

お店が開いている時間、基本的にテレビはつけっぱなしです。毎日、家の手伝いをしながら、自然にテレビでアニメやドラマ、吹き替えの洋画を見て育ちました。今思えば、父の一大決心のおかげで、僕は同世代の中ではかなり早い時期からエンターテインメントに触れていたんですね。

父のテレビ頼みはその後も続きました。僕が中学生だった1970年に大阪万博が開かれることになり、家族会議が行われました（これも父の中にあった家族像の一つだったのでしょう）。議題は「家族で大阪万博に行くか、それともカラーテレビを買うか」です。

「家族で万博に行けば金がかかるし、1週間ぐらいで帰ってくるんだぞ。でも、テレビを買えばずっと見られるし、万博の様子はテレビでも流れる。何時間も並ばなくたって好きなだけ万博が見られるよ。で、和彦、お前はどっちがいい？」
「じゃあ、テレビにしようよ」

なんだか上手く誘導された気もしますが、とにかくカラーテレビのおかげでお店の営業を続けられたのだから、良しとしましょう（笑）。

その頃の僕は、よくテレビで見たお笑い芸人さんの真似をしていました。お調子者だったわけではなく、父を笑わせたかったのです。子どもだった僕にとって、愛情表現に不器用だった父は怖い存在でした。そんな父がテレビで芸人さんを見ながら笑っている姿を見ていたので、テレビがついてないときでも父に笑ってほしかったのです。

父の平和への想いを受け継いで

父は僕が40歳の頃に大腸がんで亡くなっています。やはり放射能の影響があったのかもしれません。病気がわかったときにはもう手遅れで、本人には告知をしなかったので自分ががんだということも知らなかったはずです。

戦争から帰ってきて何年かは、突然体が動かなくなったり、倒れたりしていたそうです。僕に心配をかけないよう、体の不調を見せなかったんですね。僕が声優の仕事を始めた頃、体調を崩して母に電話したとき、「あら、お父さんも今、ちょうど同じ状態で倒れてるのよ」と聞いて、自分が父と同じタイミングで同じ症状になっていたことを知りました。

父は原爆が投下された日のことを、毎晩のように話してくれました。戦争の話をする父はいつも淡々とした口調で、感情は見せませんでした。

原爆が広島に投下された日の朝、父は上空を旋回する3機の機影を見たそうです。そのうちの一つが原爆を積んだB-29爆撃機だったのでしょう。ほどなく辺りに、ガソリンを霧雨状にまいたようなにおいが立ち込めたと思ったら、ものすごい音と衝撃波に襲われました。父がいたのは市内の爆心地から3キロほど離れた場所で、兵舎の窓が全部吹き飛ばされ、父はベッドの下に隠れたそうです。

それからすぐ、広島市内に入って生き残った人の救助作業をしました。強烈な爆風と熱線によって町並みがまるまる全部なくなっていて、日曜日になると通った映画館も食べ物屋も跡形もなかった。川の中には大やけどを負ってうめいている人があちこちにいて、その川にいた鯉《こい》も背中の皮までめくれていたそうです。道端で「水をくれ」と懇願し、渡した水を一口飲んで「ありがとう」と言って息を引き取った人々、電車の中でつり革を持ったまま黒焦げになった遺体。そんな中で父は生き残ったけが人を助けたり、船に乗せて島に運んだりしていたそうです。

食べるものもない中、救助作業中に見つけた煮干しを一緒にいた人たちと食べたところ、今度は父自身も具合が悪くなって病院に運ばれました。そのまま入院先の病院で終戦を迎えたと聞いています。

「『天皇陛下万歳』なんて言って死んでくやつはいないんだよ。みんな『お母さん』って言って死んでいったんだ」

父はよくこんなことを口にしていました。もちろん戦争はよくないと伝えたかったのでしょうが、それだけではなかったのでしょう。自分が見た地獄のような光景の中に、いつかくる自分の死の恐怖を感じていたのかもしれません。

広島の平和記念公園には原爆で亡くなった方の名簿があるのですが、その中には父の名前も入っています。戦争について語る父を思い出しながら、僕は今でも何年かに一度は広島に足を運んでいます。そして僕自身も、父の話を、平和の大切さを、次の世代に伝え続けていこうと思っています。

原っぱから始まった弓道

小さい頃はよく近所の子たちにいじめられていました。『ドラえもん』のジャイアンやスネ夫のような性格の双子がいて、学校や放課後に僕を標的にしていたんです。別に喧嘩をしたわけでもないし、なぜいじめられるのか理由がわかりませんでした。早生まれの人ならわかると思いますが、3月生まれの僕は同じ学年の中で成長が遅く、体もガリガリで、ジャイアンとは一回りも二回りも体格が違っていました。性格も大人しかったので、単に目を付けられていたのかもしれません。子どもの本能みたいなもので弱そうな相手へのマウンティングだったのでしょう。こんな話をすると、暗くて引っ込み思案な子どもを想像するかもしれませんが、自分ではごく普通に明るい子どもだったと思います。友達も普通にいて、放課後には集まって遊んでいました。山の方に住んでいた友達の家にはよく泊まりに行って、五右衛門風呂に入るのが楽しみでした。

高校では弓道部に入ったのですが、実は弓道とは中学生の頃に出合っていました。中学校は家から徒歩で30分くらい。通学路の途中に原っぱがあって、中1のある学校帰り、そこで弓を引くおじいさんと出会ったのです。今の若い人には「原っぱで弓?」と想像がつかないかもしれませんが、そういう状況があっても、まだ不思議ではない時代だったんです。

おじいさんは少し汚れたズボンをはいていて上半身は白いランニング、口ひげを生やしています。そのおじいさんが弓を引き絞ると、口ひげの横にきた矢がピタリと止まりました。その姿がなんだか無性に格好よく見えました。

その姿に足を止めてじっと見ていると、おじいさんが「君、やってみるかい？」と声をかけてくれたので、「いいの？　やってみたいです」と、放課後に手ほどきを受けるようになりました。しばらくはおじいさんと二人で、そのうち興味を持った他の子どもたちが増え、5〜6人くらいの青空弓道教室のようになりました。的はバラした段ボールに紙の的を貼り付けて作ったもので、弓矢はおじいさんが持ってきた借り物でしたが、単純に矢が的に当たる感覚が楽しかったし、この原っぱでできた弓道仲間と競うように遊ぶ時間はめちゃくちゃ楽しいものでした。

別におじいさんは怪しい人ではなく「村上さん」という大工さんで、日雇いのような感じで大工の仕事があれば手伝い、仕事がないときはブラブラしていたようで、周りの大人から見ればちょっと変わり者だったのかもしれません。それでも僕にはとても優しいおじいさんでした。親から何かを言われたこともありません。村上さんは時々、うちの店にも顔を出すことがあって、そんなとき、父は黙ってラーメンを出してくれました。

村上さんは僕が高校に進学するとき、「私の先生がそこの弓道部で顧問をやってるから、高校に行ったら弓道部に入りなさい」と、入学祝いに矢をプレゼントしてくれました。市販の安い矢を1本ずつ羽根を外して丁寧に付け直し、軸となる竹でできた棒の部分の歪みがないように火で炙って整えたりと、わざわざ細かく手を加えてくれた矢です。

高校で弓道部に入り、最初の夏休みに出た県大会で、村上さんにもらった矢を使って優勝できたときは本当に嬉しかったです。弓道の決勝は、予選で残った10名の選手が矢を1本ずつ放ち、一度でも外れるとそこで負け。これを最後の一人になるまで続ける射詰競射《いづめきょうしゃ》というやり方で行われました。最後の勝負は高校3年生が相手で、もう体格が大人です。僕も中学生から高校生になる春休みの間に15センチほど一気に背が伸びましたが、それでも身長や腕の太さなどは比べ物になりません。おまけに相手はビシッとした弓道着でキメているのに、対する1年生の僕は普通の黒い制服のスラックスに白シャツです。そんな相手に村上さんの矢で最後に的中させて勝ったときはめちゃくちゃ興奮しました。村上さんとの出会いもそうですが、昔の少年漫画みたいな出来すぎの展開だったと自分でも思います。

弓道部の活動は「遅刻したら正座」や「負けたら坊主」といった厳しい規則があって、しんどかったはずなのですが、不思議と嫌な思い出ではありません。厳しさは普通のことで、それよりも弓を引く楽しさが上回っていたんです。気持ちで負けないように集中力を高めて的に向かう弓道の空気が大好きでした。

勉強はずっと苦手で卒業も危うかったですね。追試を受けてどうにか卒業が決まった後、クラスの友人たちと九州一周旅行に行ったのもいい思い出です。予定も何もなく、青春18きっぷを買って行き当たりばったりの旅で、バカ話でずっと笑っていた気がします。途中で広島に立ち寄ったのですが、その日の宿が見つからず困っていたとき、弓道部の顧問の先生が引退されて広島に住んでいることを思い出し、みんなで押しかけて一泊させていただきました。意外と図々しい青年だったんですね。

プロボウラーを志すも一転、引きこもりに

高校を卒業して、相模原市内のボウリング場に就職しました。当時はボウリングが一大ブームで、家族連れで楽しめるレジャーや若者のデートスポットとして日本中にボウリング場が作られていました。僕も両親に連れられて通ううちに夢中になりました。家族そろってハマっていたこともあって、「高校卒業したらプロボウラーになる」と言い出したとき、父は「それならしょうがないか」と言い、反対されることはありませんでした。ちなみに、声優になって随分経ってからのことですが、ボウリング界の大スターだった中山律子さんにボウリングを教えていただいた

ことがあり、何を話したか覚えていないくらいに緊張したのを覚えています。

ボウリング場に就職したのは本格的に練習するための環境があったからです。腕前に関してはまあまあ自信がありましたが、プロを目指して練習するためにはそれなりにお金がかかります。ところがボウリング場で働いていれば勤務時間外に好きなだけ練習ができたんです。朝イチから投げた後、夕方からフロントに入って閉店まで仕事。翌日は朝から仕事して夕方から投げる。そんな感じで1日40ゲームくらいは投げました。家も出てボウリング場の上にあった寮に入り、ボウリング漬けの生活を送っていました。

ところが半年もしないうちに、僕はその職場で人生で初めての大きな挫折をすることになるのです。職場の人間関係や学生運動などいろいろなことが絡み合い、今なら受け止められる話かもしれませんが、まだ社会に出たばかりだった僕には無理でした。よくも悪くも純粋だったのでしょう。人間関係が怖くなり、「もう誰も信じられない、誰にも会いたくない」となってしまった僕は、ボウリング場の仕事を辞めて引っ越すと、ずっと一人で部屋に引きこもっていました。

この時期どう過ごしていたのか、ボンヤリした記憶しかありません。誰にも会いたくないし、買い物でお店の人と会話をすることすら怖くなって、布団にコタツをのせた中にくるまってずっと部屋にいました。コタツの上の小さなテレビはつけっぱなしで、放送が終わって砂嵐になってもそのままです。部屋は散らかし放題で、日を追うごとにコタツの上にチリが積み上がっていった光景はなんとなく覚えています。たまに大家のおばさんが様子を見に来て、窓の外から「井上さん生きてる～？　たまには外に出なきゃダメよ。本当に死んじゃうよ」なんて声をかけてくれましたが、返事をするのがやっとでした。

不思議なもので、２カ月も経っていよいよ部屋の中に食べ物がなくなり、腹が減ってどうしようもなくなったある日、自分でもビックリするくらいスッと部屋の外に出ることができました。体は正直ですね。

なんとか立ち直ろう、頑張ろうとは思ったものの、その頃の僕は人と上手く話すことができなくなっていました。世の中の理不尽さを目の当たりにした体験が衝撃的すぎて、まだ人間不信がぬぐい切れておらず、さらに引きこもって誰ともしゃべっていなかったこともあって、例えばエレベーターに誰かが乗っていると、怖くて一緒に乗れないのです。無人のエレベーターが来るまで見送り続けたこともありました。とにかく不安定で迷いの多い時期でした。

ずっと部屋にこもっていたせいですっかり体力も落ちていました。「このままじゃいけない、まずは動かないと始まらない」と思い、新聞広告で探した近所の喫茶店でアルバイトを始めましたが、社会復帰は簡単ではありません。バイトの初日、「朝9時に来てね」と言われていたのに、目が覚めたのは午後1時。それまで朝も夜もないような生活をしていたせいで、定時に仕事に行くという当たり前のことすらできなくなっていたんです。とにかく職場に向かい、「すいません、すいません」と謝り倒し、初日からクビは免れましたが翌日からも遅刻ばかり。まともに目を覚まして時間通りに出勤できるようになるまで2週間かかりました。結局、1カ月ほどで仕事に行かなくなってしまい、顔を合わせて「辞めます」と言うこともできず、遅刻ばかりしていた申し訳なさもあって給料をもらいにも行きませんでした。僕はすっかり社会不適合者になっていたんです。

大道具で社会復帰、エンタメの世界へ

なんとか社会復帰をしようと、気力を振り絞って次に探したのが中央宣伝企画という美術会社の仕事で、ちゃんと正社員で入社しました。この会社は日本テレビ系の歌番組で大道具などを作っていて、局内より外部施設での公開番組を担当することが多く、僕がいた頃は『スター誕生！』『NTV紅白歌のベストテン』『笑点』、スタジオ収録だと『WIDE SHOW 11PM』といった有名番組に関わっていました。

大道具の仕事は1日9時間ガッツリ働いてプラス残業も月150時間と、かなりハード。初日からステージの土台に使う重たい平台を何十枚も運ばされ、引きこもりですっかり腕も細くなっていた僕にはかなりの苦痛でした。それでも徐々に体

力が戻り、生活もそれなりにできるようになりました。テレビの仕事は深夜に終わるのが当たり前でしたが、当時はまだ相模原の方に住んでいたので、１万５０００円くらいかかる帰宅のタクシー代も出してくれました。いつも「タクシー代の分、給料上げてくれないかな」なんて思っていましたが。

最初の仕事は『ハッチャキ!! マチャアキ』という堺正章さんがメインの公開番組です。舞台上にはエレベーター風のセットがあって、堺さんがこのエレベーターで階を移動するという設定で、エレベーターの階の表示が映っている間にステージ上のセット転換をするのです。エレベーターの扉は人力で開閉させるため僕がその担当になりました。セットの裏から扉を開けて、堺さんが乗り込んだら閉める。セットの転換を手伝いに走って、「チーン」と到着のベルが鳴ったら急いで戻って扉を動かします。時間ギリギリで、最後に扉を閉めたときに僕の手が挟まってしまい、そのまま生放送で流れてしまったこともありました。厳密に言うなら、これが僕のテレビ初出演です。堺さんからは「君も大変だね、ご苦労さん」と声をかけていただきました。

エレベーターの開閉リハーサルをやっているうちに、どうせなら本物っぽく見せたいという欲求が頭をよぎるようになりました。誰に言われたわけでもないのですが、「カクカク動かしてるのは面白くないな。本物のエレベーターってどういう動きだっけ？　そもそもの構造は？　そういえば扉って2枚重なって開閉してたよな」などと考え始めました。もちろんセットは替えられませんが、それでも動かし方を工夫して少しでも本物らしく見えるようにと練習しました。考えてみると、あのときの僕は扉にお芝居をさせようとしていたんですね。

堺さんをはじめ、現場で見た一流のエンターテイナーのすごさも強烈でした。裏方とはいえ、華やかな芸能界や一流のプロの姿に触れられたことは幸運でした。エンターテインメントという仕事の面白さや熱に触れ、僕の中に小さな火が点いたのは、このときかもしれません。

苦手を克服すべく飛び込んだ声優への道

「和彦君、時間があったら、ちょっと付き合ってくれない？」

大道具の仕事を始めて半年ほど経った頃、ボウリング場で一緒に働いていた友人から連絡がきました。「夢だった声優になりたいんだ。養成所の見学に付き合って」とのことでした。

僕の正直な反応は、「へぇ〜、そうなんだ」だけ。

何しろ「声優」という言葉を聞いたのも初めてで、そういった仕事があることすら知りませんでした。自分がお芝居の道に進むことなど想像もしていなかったので、深く考えることもなく3つぐらいの養成所を一緒に見に行きました。

ところが友人に付き合って話を聞いているうちに、なんだか不思議な興味がわいてきたのです。

少しずつ立ち直りかけていたとはいえ、僕は相変わらず人付き合いが苦手で、このまま一生、他人とまともに会話ができないかもしれない、と思っていました。大道具の仕事はたいして人と話す必要がなかったので気は楽でしたが、とにかく体力的にきつく、このまま続けていくことに漠然とした不安を感じていた頃でした。

そんな状況もあって、声優なら人と話す練習にもなるだろうし、そんな世界があるならちょっとやってみるのも面白そうだと思い、僕も同じ養成所を受けることにしたんです。親には「何考えてるんだ。無理に決まってるだろう」と反対されました。父はおそらく僕にラーメン屋を継いでほしかったのでしょう。それでも最後は、「3年やって芽が出なかったら、辞めて帰ってこい」と渋々認めてくれました。

こうして入学したのが「テレビタレントセンター（ＴＴＣ）東京校」です。今はもうありませんが、当時は東銀座のビルの中にあって、20人くらい入る教室が一つと事務室だけの、こぢんまりとした規模の学校でした。本来はテレビタレントを育てる学校なのですが、僕らの代は特に声優志望の人が多く、これは、たまたまそのときの募集の少し前に別の声優養成所がなくなってしまい、そこの生徒さんたちが流れてきたという事情だったようです。

学校は昼と夜のクラスがあり、授業は1日3時間で週5日。昼夜それぞれ20人の生徒がいて、僕は昼のクラスでした。僕を誘った友人は試験に落ちてしまったので、知り合いは一人もいません。周りのみんなが本気でプロの声優やタレントを目指している中、「人と話せるようになればいいかな」と通っていた僕は、戸惑うことばかりでした。

講師には様々なプロの方が来てくださいました。ドラマのプロデューサーさんや外国映画の配給や字幕・吹き替え・翻訳などを手掛ける東北新社のディレクターさんなどが来られました。授業の一環として本物のフィルムでアテレコをさせてもらうこともありました。

初めて見る世界の面白さに、この世界への興味がどんどん大きくなっていったのは間違いありません。ただ、面白いのと実際にできるかどうかは別物です。人前で演技した経験など一度もなかった僕は、滑舌も悪いし声も小さく、演技もボロボロでした。

デビュー作は「亀屋万年堂の水羊羹《みずようかん》のラジオＣＭ」

ＴＴＣの同期は、半分以上がプロの役者になっています。今思うとすごいメンバーが集まっていたんですね。ほとんどのクラスメイトは学校の部活や劇団などでお芝居の経験があり、僕だけがなんの経験もない、ずぶの素人です。僕はみんなが楽しそうに話をしている中で気後《きおく》れしてばかりいました。授業でも、演技をしたことがない僕にはわからないことだらけで、クラスのみんながめちゃくちゃ上手く見えました。例えば台本を渡され、「じゃあ、これをやって」と言われるのですが、セリフを読んでも棒読み。経験のあるクラスメイトに、「芝居って何？」「演技しろって言われたんだけど、どういうこと？」と聞いていました。本当に何もできなかったのです。

クラスの中で仲良くなったのが郷里大輔君です。年齢は僕より2歳ほど年上でしたが、年の差を気にせず僕に接してくれました。この頃から真面目で誠実な人柄はそのままでしたね。

郷里君とはいつの間にか一緒に練習をするようになりました。よくやったのが、テレビやラジオの前にラジカセを置いて音声を録音し、カセットテープを再生しながらセリフを全部書き起こす作業です。そうやって作った自前の台本で練習するのです。最初は郷里君と二人でやっていましたが、そのうちに他の友達も参加するようになり、人数が増えた分だけ自前の資料台本も増えて、練習もはかどります。ラジカセは練習の必需品で、自分たちのセリフも録音して何度も聞き返しました。

「この言い方さあ、どう思う？」

「俺だったら、こうやるかな」

と録音した音声を聞きながら、話し合ったりもしました。今から思えば稚拙な二人でしたが、一生懸命考えていたんだと思います。とはいえ芝居もよくわかっていない僕ですから、的外れなことを言っていたかもしれません。

郷里君とはラジオのＣＭコンテストに応募したこともありました。確かカップヌードルのＣＭだったと思いますが、二人で構成からコメントまで一生懸命考え、学校にあった「ナグラ」というプロ用の録音機を借りて収録して送りました。コンテストにはかすりもしませんでしたが、マイクの前でしゃべりながら、「ちょっと、このパートはこうしよう」「次はもっとゆっくりやってみよう」などと話しながら何度も録音したことを思い出します。

実はＴＴＣに在学している間、僕はラジオＣＭに出演しています。講師のお一人がラジオ関東（現：ラジオ日本）のディレクターさんで、「井上君、ちょっとラジオのＣＭやってくんない？」という感じで誘われ、あれよあれよという間に亀屋万年堂の水羊羹のラジオＣＭに出させていただけることになったんです。養成所ではナレーションの授業もありましたが、決して上手かったからではありません。選ばれたのは単純に僕がクラスで一番若かったからでしょう。何しろＣＭの内容は、「高校を卒業した元球児が、野球部の監督に宛てて書いた手紙を読む」というもので、クラスメイトの中で実年齢が一番近かったのはラッキーでした。

「また夏がきました。お元気でしょうか――」

そんな感じで始まる手紙を僕が朗読し、バックには「キン！」とバットでボールを打つ金属音や、火箸風鈴のきれいな音が鳴っていました。ラジオ関東のブースで録音したのですが、講師の先生がディレクター卓に座って演出してくださったので、僕は緊張もせず、言われる通りにやっているうちに、あっという間に終わりました。声優の勉強を始めたばかりで「上手く読もう」とか「気持ちを込めた演技をしよう」なんて意識すらなく、逆にそのおかげで気負いなく素直にできたのかもしれません。

しかもこのＣＭは「ACC CM FESTIVAL」（現：ACC TOKYO CREATIVITY AWARDS）というコンテストに出品され、奨励賞をいただいたのです。予選を通ればもらえる賞だったので、そこまですごい結果ではないのですが、それでも僕にとっては自分の声が初めて認められたわけで、「もしかしたら声優になれるかも」と希望が見えた気がしました。

とんとん拍子でドラマ出演

このラジオＣＭのすぐ後、実はドラマデビューも果たしています。番組名は『八州犯科帳』。フジテレビ系で放送された時代劇ドラマで主演は緒形拳さんと林与一さんです。これもＴＴＣの講師に来られたプロデューサーさんのツテで撮影に参加させていただきました。授業の一環でしたがちゃんとギャラが出るお仕事で、「あれ？　俳優ってチョロイなぁ」なんてふざけた感想を持ったことは、ここだけの秘密です（笑）。

現場では、プロデューサーさんの口利きだったからなのか、スタッフさんたちが演技経験のないド新人の僕にも丁寧に接してくれました。僕が演じたのは役名もない脇役の丁稚《でっち》で、緒形拳さん扮《ふん》する主役の「八州様」が馬に乗ってやってくる前に飛び出し、土下座をするという役どころです。ちなみに、このシーンにはもう一人、番頭役がいるのですが、出演予定の俳優さんが来られなくなり急遽《きゅうきょ》代役の役者さんが入っていました。これがなんと、まだ新人だった角野卓造さん。実は角野さんにとってもドラマデビューだったそうで、角野さんのドラマ初出演を振り返る番組企画でこのシーンを流していいかどうか、僕の事務所にも許可を求める電話がありました。おそらく今もどこかにこの映像が残っているのかもしれません。

緒形さんと角野さんと僕でリハーサルが始まったのですが、緒形さんのお茶目さには驚かされました。僕のセリフは「八州様〜、八州様〜、お待ちください！　お願いがございます」くらいでしたが、角野さんは緒形さんと掛け合うため、もっとセリフがありました。ところがリハーサルで角野さんが真剣にセリフをしゃべっていると、緒形さんがいわゆる「変顔」をして角野さんを笑わせようとするのです。

カメラは緒形さんの背中越しに角野さんの顔を撮っているため、緒形さんの顔は映っていません。角野さんはセリフをしゃべらなければいけないのに、緒形さんが変顔をするものだからついつい笑ってしまい、つられて僕まで笑ってしまいました。おそらくですが、角野さんも僕も緊張でガチガチの顔をしていたのでしょう。緒形さんはそんな若い俳優たちをリラックスさせようとしてくださったのだと思います。

これが僕のドラマデビューでした。

師匠・永井一郎さんとの出会い

養成所で半年が過ぎた頃、僕の人生を大きく変える出会いがありました。養成所のカリキュラムが1年の前期と後期に分かれていて、後期から新しい講師として来られた永井一郎さんです。僕がこの世界で生きていくために必要なことを教え導いてくださった、声優人生の師匠です。

永井さんはまだ声優の卵にもなれていない僕たちに、お芝居について熱心に教えてくださいました。永井さんの講義がある日は、自然発生的にクラスのみんなが集まり、帰ろうとする永井さんをつかまえては近くの喫茶店に連れ込んで質問攻めにしていました。永井さんも3時間の授業が終わって疲れていたはずなのに、そこから何時間も嫌な顔一つせず付き合ってくださいました。

若手を褒めるのも上手くて、ちょっとでもいいところを見つけると「あんたは天才だな！」「あんた最高！」と乗せてくれました。永井さんに褒められるのが嬉しくてどんどん成長できたのかもしれません。

もちろん、ただ優しいだけではありません。あるとき、授業でマジンガーZが発進するときの「マジン、ゴー！」というセリフが課題になりました。一人ずつ演じることになり、僕も本物をそれっぽく真似した「マジン、ゴー！」を演じました。自分なりにデカい声で叫んでいたつもりですが、永井さんはなかなかOKを出してくれません。

「お前、『マジンガーZ』見たことないのか？　マジンガーZがどのくらいデカいと思ってるんだ。お前はどこにいるんだ？　デカいロボットの操縦席に乗った兜甲児が、『ゴー！』って言わないと動かないんだぞ。何十メートルもあるロボットをお前の声の力で動かすんだ！　そんな声で動くと思うか？　もう一回！」

「マジン、ゴー！」

「まだ小さいな」

「マジ〜ン、ゴ〜！」

「もっと」

「マジ〜ン、ゴォウ〜！」

「それだよ！　あんた最高！」

といった感じで、全員が「声でマジンガーZを動かす」ことができるまで、繰り返し練習しました。これは永井さんが僕たちに教えてくださった演技論の一つです。

芝居は言葉で説明するのではなく、ただ叫ぶだけでもなく、演じる人がちゃんと空間を感じられていれば、見ている人もそれを感じてくれるということを教えてくださっていたのです。

また、ことあるごとに、演じる心構えも話しておられました。

「演技は、体全体で感じて演じるんだ」

その頃の僕には全然ピンとこなかったのですが、お芝居の勉強をすればするほど、この言葉の深さがわかってきました。永井さんはまだ学生だった僕たちにも本気で向き合ってくださっていたんです。

第2章

駆け出し新人声優時代

青二プロダクション所属で始まった声優人生

ＴＴＣでの1年が終わりに近づいた頃、永井さんが「卒業したらどうするんだ？うちの事務所に来ないか？」と声をかけてくださいました。それが最初の所属事務所になる青二プロダクションです。

ＴＴＣからは他にも4人が誘われていて、僕はその中で補欠みたいなものでした。青二プロの社長と面接したときも、永井さんが「こいつはお芝居がＡランク、こいつは声の演技が――」という感じで一人ずつ紹介してくださったのですが、僕の番になると笑いながら「和彦は……Ｄランクね」と紹介されました。ただその後に、

「こいつはまだ全然芝居はできないんだけど、何か持ってる気はするんだよね。ひょっとしたら化けるかもしれない。野生の感性があるんだ。ハマるといいんだよ。そうじゃないときは酷いけどな」と付け加えてくださったことは今でも覚えています。「野生の感性」がなんだったのかは今でもよくわかりませんが、「感性はあるんだ。まだ自分ではわからないけど、あると言ってくれるのだから、それを大事にしよう」と考えていました。

こうして青二プロに仮所属することになり、一応形としてはプロの端くれになったわけですが、だからといってすぐ仕事がもらえるわけではありません。オーディションの機会すらめったにありませんでした。たまに巡ってくるオーディションも落ちてばかり。それでも落ち込み続けていたわけではありません。やる気さえあれば経験を積むチャンスはあちこちに転がっていました。先輩方にお願いして収録現場を見学させていただける時代だったのです。

ある日、『マジンガーZ』の収録現場を見学させていただいていると、富田耕生さんが「井上君、ちょっとここで演らせてもらいなよ。マイクの前に立ってみな」と声をかけてくださいました。ちょうど「兵士E」のような名前のないモブの役を誰が演るかというところで、普通はレギュラー出演者の誰かが兼任で演るのですが、富田さんがディレクターさんやプロデューサーさんに「新人に演らせてやってくれないか」と掛け合ってくださったのです。

予想もしていなかったので、「あっ、ありがとうございます」と、考える間もなくマイクの前に立ちました。セリフとしては「うぁ～」とか言うだけです。ところが収録が始まると、周りの先輩方がどんどんセリフを進めていく中で入り込むタイミングを上手く見つけられないうちに、出番が終わってしまいました。

「もう終わってるんだよ」

富田さんが苦笑いしながら声をかけてくださいました。これが僕のアニメ初出演です。

人生にチャンスは3回

僕が今まで声優を続けてこられたのは、運もよかったのでしょう。たくさんの人に助けられ、いい作品と出合いながら成長してこられたのは、本当にラッキーだったと思っています。

養成所時代、師匠の永井さんが何気ない瞬間に、こんなことを言ってくださったことがありました。

「いいか、和彦。人生にはチャンスは3回しかない。そのチャンスを逃すなよ」

若かった僕は「そんなものか」と聞き流していました。おそらく永井さんも「チャンスは少ないんだから頑張れよ」くらいの意味だったのかもしれません。でも「もしかしたら、あれが僕のチャンスだったのかもしれない」と思う出来事があります。

事務所に入って2年目のことでした。21歳だった僕は一度も名前の付いた役を演ったことはなく、まだ声優としては半人前もいいところ。声優の仕事だけでは食べられないので、アルバイトをしながら先輩声優の収録現場に足を運び、オーディションの声がかかるのを待つ日々を送っていました。

永井さんをはじめ、先輩方は、よく現場で新人の僕たちを作品スタッフの方に紹介してくださいました。「こいつ若い役できるから育ててくれないか」という感じで売り込んでくださったのです。

おそらくそういった流れからだったのでしょう。僕にロボットアニメの番組レギュラーのお話がきました。番組レギュラーとは、毎回、現場に入って名前のない脇役やガヤの声を担当させていただけるお仕事です。すでに収録は始まっていて、僕は第3話から出ることになりました。その最初の収録でいただいたのが「大変です！　ＵＦＯが来ました！」というセリフです。

ところが、これだけのセリフがどうしても言えません。ＵＦＯが来た緊迫感が出ないのです。とにかく声が小さくて、全然迫力がないことは自分でもわかっていました。何度演ってもダメで、ディレクターさんは渋々ＯＫを出してくれましたが、僕は頭を抱えてしまいました。

収録が終わって帰宅してから、このセリフを何度も練習しました。それからダビング（編集作業のことです）の日にディレクターさんのところに行き、「練習してきたので、録り直してください」とお願いしたのですが、ディレクターさんの返事は「いや、いいから」。それだけでした。

しかも、この日以降、二度と収録に呼ばれないまま、番組が終わってしまいました。たった1回の収録で、番レギを降ろされてしまったのです。

悔しくて悔しくて、やっぱり悔しかった。番レギを降ろされたことも悔しくはありましたが、それ以上に「他の声優さんたちがあんな簡単にやっていることを、なんで僕はできないんだ」という自分の力の無さが悔しかったのです。

それから半年ぐらいの間、荒川の土手で「大変です！　ＵＦＯが来ました！」を何度も何度も練習しました。もう、このセリフを演ることはないのですが、取り憑かれたように練習を続けました。通りかかった人がビックリして振り向いていましたが、今になって思えば、いい大人が河原で「ＵＦＯが来た！」と大声を出しているのですから、驚かれるのも当たり前ですよね。ただ、あれほど真剣に、それこそ死ぬ気で一つのセリフを練習したことはないと思います。

ＴＴＣで一緒だった郷里君にこの悔しかった話をしました。郷里君とは卒業後もいくつか同じバイトをしていて、よく会っていたのです。「まずは大きい声を出せるようにしたい」と話すと、郷里君は「和彦、それならいいところがあるぞ、お前もやるか？」と立ち食い蕎麦屋のバイトを紹介してくれました。

蕎麦屋では、お客さんが来るたびに、大声で「いらっしゃいませ～！」と叫んでいたので、ビックリして帰ってしまう人もいました。でも店長は「元気があっていいな」と時給をアップしてくれたのです。大きな声が少しずつ出せるようになっていました。

バイトをしながら、郷里君と二人でセリフの練習をしたり、「芝居って、なんだろうね」「セリフってどう演じたらいいんだろう」と語り明かしたりもしました。

「お互い頑張って、いつか必ず共演しようね」

そんな夢を語ったのですが、現実はそんなに甘くはありませんでした。

でも、あのとき仕事を降ろされたことこそが、永井さんの仰っていた「チャンス」だったと今は思います。ディレクターさんは僕が声優という仕事に向き合う

「覚悟」を持つ機会をくれたのです。もしあの出来事がなければ、僕は声優を続けてこられなかったと思っています。

失敗して転んでもいい。転んだ後、何をつかんで立ち上がるかが大切なのです。若いうちに身をもってそれを教えてもらえた僕は、やっぱり運がよかったのだと思います。もっとも、あんなキツいダメ出しを3回も食らっていたら、さすがにこの世界から逃げ出していたでしょう。1回目のチャンスを逃さなくて本当によかった。

才能豊かな同世代に囲まれて

バイトと自主練習と見学の日々を送る中、合間を縫って事務所に行くと、養成所で同級生だったみんなの活躍が嫌でも耳に入ってきます。悔しさを感じないわけではありませんでしたが、もともとTTCにいた頃から自分は芝居ができていないと自覚していました。とにかく自分のお芝居を磨くしかないと思っていたのですが、声優の世界を知れば知るほど、お芝居の難しさとプロのすごさを実感させられるのです。しかも先輩方ではなく、自分と同世代に天才がいるとなれば心中穏やかではいられません。

その一人が三ツ矢雄二君です。三ツ矢君と出会ったのは『超電磁ロボ コン・バトラーV』のオーディションでした。オーディションがどんなだったかの記憶はありません。ただ、オーディションからの帰り道のバス停で、偶然、一緒になったことはよく覚えています。

「渋谷駅に行きたいんだけど、ここでいいんだよね？」

どちらが話しかけたのか定かではありませんが、バスの中でいろんな話をしました。オーディション当日なので、まだ二人とも合否はわかっていません。それでも、三ツ矢君の演技を見ていた僕は、すっかり諦めていました。そのくらいすごかった。案の定、後日、三ツ矢君が主役に決まったことを知りました。

オーディションを受けられても落ち続ける日々が続き、声優の仕事はほとんどありませんでした。しかもオーディションに行くと、そこにいるのは同世代の天才たちです。よく顔を合わせていたのが三ツ矢君と水島裕君。子どもの頃から劇団で演技の経験を積んでいて、三ツ矢君や後に知り合いになる戸田恵子さんはＮＨＫの『中学生群像』に出演していましたし、水島君はお芝居だけでなく特撮の『愛の戦士レインボーマン』で主題歌も歌っていました。中学生ですでに『巨人の星』の星飛雄馬役を演じていた古谷徹さんも同世代だと知ったときには、絶望的な気持ちになりました。

古谷さんを除けば、声優としてのキャリアはみんな大差なかったのですが、演技がすごいのはもちろん、スタジオでの立ち居振る舞いなども落ち着いていて僕とは違うのです。同世代の才能を知れば知るほど、自分の拙さを突きつけられている気分になりました。

「ホント上手いよなぁ。僕なんかが敵うわけないか――」

19歳から演技を始めたばかりということが情けなくなり、ここでも気後れしていました。

とはいえ、そこまで悲観していたわけでもありません。ＴＴＣに入ったときから「自分が一番お芝居をわかっていない」ということを、嫌というほどわかっています。彼らを見て自信を失う前に、まだ失うべき自信を持つまでにも至っていなかったのです。

三ツ矢君と水島君は年齢が近いということでよく比較もされましたが、嫉妬を感じることもできないくらい先を行っていた二人になんとか置いていかれないよう、必死でお芝居を勉強していました。

素直——仕事で長く生き残る人の条件

僕がこの世界に入った頃は、声優業界の最初の黄金期ともいえる時期でした。この先何十年と声優界を支えてくださる名優の方々がたくさんいらっしゃいました。
とはいえ業界はまだまだ未成熟で、黎明期から声のお仕事に関わられていた先輩方が八面六臂《はちめんろっぴ》の活躍をされている一方で、第一世代に続く若手があまりに少なく、「このままだとまずいのでは？」という危機感が業界全体にあったようです。現役世代が年を取ったら、ちゃんとしたものが作れなくなる、ならば今から業界全体で若い声優さんを育てていこうという流れになっていました。

そういった状況だったので、先輩方には本当によくしていただきました。若手のための勉強会を作ってくださった時期もあり、小さいスペースを借りて、半年か1年くらいは続いたと思います。メインの先生は永井さんで、僕や水島君も参加していました。

お芝居は、基礎はもちろん大切ですが、そこから先が勝負の世界です。しかも正解がありません。僕は今でも「もっと上手くなりたい」と思っているのですが、上手くなるため、成長するためにいろいろやってきてたどり着いたのは、結局「上手い人のアドバイスを素直に聞くこと」が一番ということ。ちょっとお芝居経験のある人が「そんな当たり前のこと、もうわかってるよ」と流してしまう先輩方のアドバイスも、お芝居のことを何も知らない新人だった僕は素直に聞くことができました。そのおかげで成長できたのだと思います。

声優を続けていく上で「素直さ」は想像以上に大事です。例えばオーディション。最初は自分が考えた演技をします。そこからディレクターさんが「もっとこういう感じで演ってみてくれる？」と言ってくることがあります。このとき、見られているのは「できるかどうか」だけではありません。ディレクション側は、「この人は注文したときにどう変わってくれるかな」という可能性も試しているし、さらに「自分の演技プランにこだわる人なのか、素直に注文に応えようとしてくれる人なのか」も見ているものです。

協調性のない人が入ると現場のチームワークが築けません。作品全体を見ないで自分勝手な役作りをされても困ってしまいます。声や演技はもちろん大事ですが、人柄だって同じように重視されることが多いのです。個性は必要だし自分なりの演技を考えることも大事ですが、人の意見を素直に聞ける柔軟性はもっと大事だと僕は思います。

「顔出し黒子」で舞台デビュー

舞台の面白さに最初に触れさせてくださったのは、柴田秀勝さんです。

「声優とは、俳優の一部である。声優の前に俳優であれ」

という考えから、僕たち新人に「心を演じる、人を演じる俳優になれ」と教えてくださっていました。

「アニメをやりたいんだったら、芝居をできるようにならないとダメだからな。ちょうど今、俺が舞台稽古をやってるんだ。見学に来るかい？」

事務所に入りたての頃です。こんな風に柴田さんが誘ってくださいました。

その舞台はオムニバス形式で、柴田さんは「語り部」の役。本格的な舞台に触れるのが初めてだった僕は、客席から「うわ、すごいな、舞台ってこういう風に作るんだ」などと呑気《のんき》に見ていました。何日目かの見学のとき、途中で稽古が止まり、柴田さんと演出の方が何やら話し始めました。どうやら舞台の効果音をどうしようかという相談らしく、「ここは生音で効果音を出した方がいいよね」「う〜ん、どうしましょうかね」などと話す声が聞こえてきます。その途中で柴田さんがクルリと振り返って言いました。

「和彦、ちょっと風の音出して」
「はい?」

言われるがまま、効果音を出す道具の前に立たされます。簡単に動かし方を教わるとすぐ稽古が再開し、次々に注文が飛んできました。

「ここで風の音ちょうだい」

「じゃあ次は雨降らせて」

「犬、そこで鳴いて！　遠吠えね！」

　見学だけのつもりが、いつの間にか舞台を手伝うことになり、本番の日にはさらなる無茶振りがやってきました。

「せっかく生音で効果音を出すんだから、お客さんにも見えた方がいいでしょ。舞台に場所を作ったから、そこでやって」

　柴田さんからこう言われ、黒子の衣装を手渡されました。否も応もなく黒子姿に着替えさせられました。するとまた柴田さんが来て、

「和彦、俺の化粧前（楽屋の鏡台）に座れ。メイクするぞ」

「ええっ、僕、黒子ですよ？」

「何言ってんだ、お前は役者だろ。顔出せよ」

結局、本番ではきっちりメイクをした黒子が、舞台に立って効果音を出すことになったのです。僕の初舞台でした。

その後もこんな感じで声をかけていただき、少しずつ先輩方の代役をするようになりました。やがて自分の役もいただけるようになり、1年間で5本くらいの舞台に立っていました。相変わらずお芝居のことはあまりわかっていませんでしたが、がむしゃらに経験することで何かを身につけようとしていたんです。

初レギュラーで般若心経、そして「丘の上の王子様」へ

初めて名前が付いた役をいただいたのは22歳。一休さんの兄弟子・哲斉役でした。

ただ、僕は最初から哲斉役に決まっていたわけではなく、番組途中からの起用で

した。途中からの参加なので、オーディションで決まったのではありません。いきなり事務所から「来週から『一休さん』の現場に行って」と言われ、役をいただいた喜びを実感する間もありませんでした。

この初レギュラーは、最初の収録からかなり戸惑うことになりました。何しろ最初のセリフが「かんじ〜ざいぼ〜さつ、はんにゃ〜は〜ら〜」と、お経を唱えるシーンだったのです。それも小坊主役ですから、可愛らしい声で唱えなければなりません。事前に般若心経が書かれた紙を手渡され「はい、これ覚えといてね」と言われたときには頭を抱えました。

『一休さん』は読経シーンが頻繁に出てくるため、お寺のメンバーは全員、般若心経を唱えることができるようになっていたのです。

何はともあれ、僕はこの役をいただけたことで、いよいよ「自分は声優で食っていくんだ」という意識が芽生えたように思います。

『一休さん』が始まったとはいえ、それだけで食べられるわけではありません。このときはまだアルバイトの合間に声優をやっているような状態で、確か焼肉屋さんで働きながら収録に行っていました。

そんな中、新たなチャンスがやってきました。『キャンディ♡キャンディ』に出演が決まったのです。主役のキャンディと惹かれ合うアンソニー・ブラウン役。そしてもう一人、キャンディの初恋の人「丘の上の王子様」で、その後も陰ながら見守り続けるウイリアム・アルバート・アードレー大総長（ウイリアム大おじさま）の少年時代でした。「アンソニーと若きウイリアム大おじさまはそっくり」という設定だったので、まったく同じ演技です。

オーディションでは、アンソニーの可愛らしいビジュアルを見ていたので、なんとなく裏声を使って演じたところ、これが制作サイドのイメージにハマったようでした。役をいただけたことは素直に嬉しかったのですが、かなり無理をして出した声だったため、後になって「これをずっとやるのかぁ。もうちょっと楽に出せる声にすればよかったかな」と少し後悔しました。でも裏声でなければ落ちていたかもしれないので、やはりあれでよかったのでしょうね。

この現場にも、尊敬する先輩方や同世代の仲間たちがたくさんいました。こんな素敵な方たちと一緒にレギュラー番組ができるのかと、本当に嬉しかったですね。キャンディ役の松島みのりさん、テリィ役が富山敬さん、大人になったアルバートを演じたのは井上真樹夫さんでした。そういえば僕が先輩方から「井上」ではなく「和彦」と呼ばれていたのは、同じ「井上」の井上真樹夫さんがいらっしゃったからだそうです（井上真樹夫さんは皆さんから「真樹夫ちゃん」と呼ばれていましたが）。また、ステアを演じた肝付兼太さんは「俺、こんないい男を演っちゃっていいのかな」とよく笑っていらっしゃいました。同世代ではアーチー役で三ツ矢君も参加していました。

放送は全部で2年半近く続いたと思いますが、アンソニーの出番が意外に早く終わってしまったのは少し残念でした。『一休さん』の哲斉と違い、ストーリーに大きく関わってくる役どころではありましたが、物語上、割と早い段階で死んでしまうのです。死んでからもなぜか出番は結構あり、キャンディにつらいことがあると、回想の中に登場して励まします。

「おチビちゃん、君は泣いている顔より笑った顔の方が可愛いよ」

いつも同じセリフなので、普通なら前に録音したものを使うところですが、この作品ではなぜか毎回、回想シーンのたびに新しく録り直していただき、ありがたかったです。後になって「あまりにアンソニーの人気が高かったため、死後も出番が増やされた」という都市伝説のような話も聞きましたが、現場ではそういう話は特になかったように思います。

ただ、そんな噂が流れるくらい、『キャンディ♡キャンディ』とアンソニーが人気だったのは事実でしょう。まだ誰も僕の顔を知らなかったので、日常生活に変化はなかったのですが、徐々に人気を実感することになりました。僕が演じたアンソニーは14歳くらいの設定でしたが、7歳の女の子から本気のラブレターをもらったときは、「この年齢の女の子が本気で好きになってくれるキャラクターを演じられたんだ」と自信にもなりました。

この頃の演技を見返すと自分でも恥ずかしくなるくらい拙くて、当時も毎回、「なんでこんなに下手なんだろう」と悔しい思いをしながらアフレコしていたことを思い出します。今でも『キャンディ♡キャンディ』について聞かれる機会は多く、「下手すぎるからもう見てほしくないかな」などと言っていた時期もありました。でも、時間が経った今は、あれはあれでよかったのだと思っています。決して上手くはないけれど、若さと、勢いと、情熱で、そのときにできることを全力で演っていました。その必死さのようなものがキャラクターになんらかの魅力を与えていたのかもしれません。あのアンソニーの演技は、下手なりに一生懸命だった23歳の僕にしかできない演技だったのでしょう。

それに、たくさんの人が楽しんでくれたことは紛れもない事実です。今でも「アンソニーが大好きで、小学生の頃は毎週、楽しみに見てました」なんて言ってもらえることは素直に嬉しいし、声優をやっていてよかったと思う瞬間です。

1年前の雪辱を果たした日

番レギを降ろされるという、僕にとってショックな出来事から1年、新しいロボットアニメ『惑星ロボ ダンガードA』が始まりました。

そしてこの番組で新たなレギュラーが決まったのです。なんと1年前に僕を降板させたあのディレクターさんが、新番組に僕を使ってくれたのでした。それも、神谷明さん演じる主人公、一文字タクマのライバル的なテストパイロットで、出番も見せ場もある、新人にしてはかなりいい役どころです。

1年前の悔しさを忘れるはずはありません。今度こそと思う半面、不安もよぎります。僕は緊張しながら収録に臨みました。でも今回は何も言われることなく収録が進み、このキャラが死んで僕の最後の収録が終わった後、「和彦君、来週から山田さんの役を全部引き継いでください」。こう言ってディレクターさんは、僕に別の新しい役を任せてくれたのです。キートン山田（当時は山田俊司名義）さんが作品の中で複数の役を演っていたのですが、「山田さんには次週から登場する二枚目の悪役を演ってもらうので」とのことでした。

山田さんは器用な方なのでたくさんの役を兼任されていました。そのおかげで富田耕生さん演じる大江戸博士の助手や、敵側のスパイ役なども演らせていただきました。

その後、ディレクターさんが「うん、随分できるようになったな。芝居がわかってきたね」と言ってくださったとき、僕の中の1年前に味わった悔しさが嘘のように消えていきました。

この『ダンガードA』が始まってから、声優としての仕事の風向きが大きく変わりました。どんどんレギュラーが増え始め、セリフも増えました。それまでの、先輩や事務所の推薦によるキャスティングではなく、ちゃんとオーディションで声優としての評価をいただけるようになってきたのです。

「腐らずに自分がちゃんと成長していれば、必ず見ていてくれる人はいるんだ」

そんな風に思えた作品でした。

第3章

代表作は二枚目ヒーロー

『ギンガイザー』で初座長

レギュラー番組も少しずつ増え始め、『ダンガードA』でわずかながらも自信を手にした僕に、初主演のチャンスが巡ってきました。『超合体魔術ロボ ギンガイザー』の主役、白銀ゴローです。

この頃、多くの先輩方から「和彦、お前は早く座長やりな」と言っていただけるようになっていました。演劇やドラマと同様、その作品の主役は「座長」と呼ばれます。僕も演じることの面白さに目覚め始め、若者らしく「どうせなら、やっぱり主役を演ってみたい」と野心を抱くようになっていきました。そんなタイミングでの初主演です。

ただ、いざ座長をやるといっても最初は何をどうすればいいのかサッパリわかりません。

主なキャストには緒方賢一さん、小林清志さん、森功至さん、西村知道さん、丸山裕子さんと、頼もしい先輩方がずらり。一方でヒロイン役には現役女子高生だった古賀ひとみさんが抜擢。確か火曜版『まんが名作劇場 サザエさん』のOP曲を歌っていた方です。つまり、若い僕と、僕より若い古賀さんがメインで、周りを先輩方が固めてくださるようにキャスティングされていたんですね。森功至さんの艶のある演技に憧れていたので、実は秘密を盗む気満々だったのですが、この作品では悪役でした。ちょうど、悪役だけど人気がある「格好いい悪者」が流行り始めた頃でしたね。

本来、打ち上げでは新人声優は隅っこで大人しくしているものですが、TTCの先輩で兄貴のような存在の西村知道さんに「和彦、お前は真ん中に座れよ」と、錚々《そうそう》たる先輩方の中に放り込まれ、乾杯の挨拶を任されたのもいい思い出です。随分後の話になりますが、『NARUTO －ナルト－』のスタジオで、主役の竹内順子ちゃんに「順ちゃんは主役なんだから、ここ座って」と真ん中に座らせたのですが、「ああ、やっと自分もこういうことが言えるようになったんだな」と感慨深かったことを思い出します。

別に座長だからといって特別なことはないのです。どんなに力んだところで経験不足は変わりません。要は楽しく仕事ができる現場の雰囲気が作れればいいのです。また飲み会の話で恐縮ですが、主役だからと偉そうに誰かにやってもらうのではなく、僕の方から「今日はどこに行きましょうか？」「わかりました、じゃあ電話して予約しま～す！」と、これまでと変わらず後輩としての態度で接していました。そうしていると、周りの先輩方が「助けてやろう」と自然に僕を真ん中に置いてくれる雰囲気を作ってくださったのでした。

特別なことをしなくても作品に愛情を持って誠実に取り組んでさえいれば、周囲がちゃんと見てくれて、自分の足りないところを支えてくれるものなのですね。

実は、この心構えを教えてくださったのは先代のジャイアン役で有名な、たてかべ和也さんです。『ドラえもん』の先生役や映画版『ドラえもん のび太の恐竜』のタイムパトロール隊員役で収録に参加すると、たてかべさんと肝付兼太さんのお二人がいろいろ教えてくださいました。

たてかべさんは事務所や年齢に関係なく、気に入った役者がいればめちゃくちゃ面倒を見てくださる人でした。『ドラえもん』より前に、子ども番組『おはよう！こどもショー』の「ドレミファそらゆけ」コーナーの人形の声を山田栄子さんと演ったのですが、それも、たてかべさんが「こんな話があるけど、受けてみるか？」と持ってきてくれたオーディションで決まった作品でした。「主役は座長なんだから、こういう心づもりでなきゃダメだぞ」「若いうちは旅行とか飲み会の幹事とか、先頭に立ってやらなきゃダメだよ」と、新人声優がどうすれば先輩方に受け入れてもらえるかを、さりげなく教えてくださっていたんです。現場で率先して雑用をしていれば自然に目立って、みんなにも可愛がってもらえる、というわけですが、たてかべさんは「上手く立ち回れということじゃなくて、そういう場所に自ら進んで行く」大事さを伝えたかったのだと思います。

僕もこのアドバイスを受けて、たてかべさんと共演した別の番組の打ち上げ旅行では幹事をやりました。たてかべさんは「じゃあ、バスん中では何やる？ 役者さんを寝かすんじゃないぞ。ただの旅行だけど、お前たちには大切な経験になるんだからね」と楽しそうに話していらっしゃいました。そして旅行が終わって新宿で解散した後は、反省会という名の飲み会があったのでした（笑）。

さて、初の座長となった『ギンガイザー』でしたが、座長として緊張するような場面はありませんでした。シリアスな展開が王道だったロボットアニメの中で、『ギンガイザー』はややコミカルな面もあり、その点でも演りやすかったかもしれません。タイトルコールや次回ナレーションも担当させていただくなど、貴重な経験を積ませてもらった現場でしたが、もう一つ素晴らしい出会いがありました。音響監督の本田保則さんです。本田さんは「みんなでいいものを作ろう！」という熱い想いを持った人でした。演技指導が独特で、例えるなら長嶋茂雄さんのバッティング指導のようです。世界征服を狙う敵の首領役の森功至さんに「森さん、もっと上から、グオッときてくれない？」「う〜ん、今までの悪じゃない感じの悪をやってみて」といったディレクションをされるのです。本田さんは「普通にやったら面白くないでしょ」と、新しくて面白い表現を追求されていたのだろうと思います。

　そんなこんなで、なんとか初主演を乗り切ることができましたが、本田さんの要求になんとか応えようと、毎回ひたすら叫んでいた作品でした。「マジックミサイ〜〜ルッ！」「マジックリ〜ング！」と技名を叫びながら、「これを続けていれば、神谷明さんのようになれるかも」と考えていたような気がします。

　個人でよく飲みに行った先輩は西村知道さん。何しろ「兄貴」なのでいろんなことが聞きやすかったんですね。僕が抱えている悩みを話すと、西村さんは「うんうん。それでいいんだよ、それで大丈夫」と優しく聞いてくださいました。そして

「和彦は思った通り演ればいいんだよ。ダメだったら本田さんがダメ出ししてくれるからさ。それより失敗を怖がって演らない方がダメだよね」「はみ出しちゃうくらいでいいんだよ」と、背中を押してくださるのでした。その音響監督の本田さんにはその後もたくさんの作品でお世話になるのですが、「とにかくいいもの、面白いものを作ろう」という想いが強く、その熱が心地よかったです。

「一生懸命、地球を守ろうとしていました」

「島村ジョー役を演ります。井上和彦です」
「井上君、それだよ！　００９は!!」
「え？」

　オーディションで僕の第一声を聞いた高橋良輔監督がいきなり立ち上がってこう仰いました。その瞬間、僕が００９役に決まったのです。

1979年に『サイボーグ009』が再アニメ化されました。言うまでもなく原作は石ノ森章太郎先生の大人気漫画で、すでに約10年前に一度テレビシリーズ化されていて、009こと島村ジョーを演じていたのは森功至（当時は田中雪弥名義）さんでした。制作が日本サンライズ（現：サンライズ）に代わり、ジョーのキャラクターデザインも前回より成長した青年の姿になっていました。制作スタッフが代わったことで、声優陣も新たにオーディションが行われたのです。

当時、他の作品で主役を演じていらした声優さんは、ほとんどこのオーディションを受けていたそうです。ただ、高橋監督の中で、なかなか「これだ」というイメージにならなかったようで、「どんな新人でもいいから声を聞きたい」という監督の要望で追加のオーディションが行われ、そのおかげで僕にもチャンスが回ってきました。

このときまで、僕の主演経験は『ギンガイザー』の1作品だけでした。おまけに白銀ゴローの熱血演技を引きずっていて、なんでもかんでも力んでセリフを言ってしまうクセがついていました。009役のオーディションも、テストではやっぱり力みまくってしまい、反応がよくなかったのです。

でも僕が演技前に挨拶した第一声がイメージにピタリとハマったようでした。高橋監督は無駄な力の入っていない「その自然な感じがいい」と仰られたのです。オーディションに受かってからも、『009』の台本が手元に届くと、そのときの自然体な感じを思い出すため、最初に「井上和彦、島村ジョーです」と言ってからセリフの練習をしていました。

『009』はファンの期待も大きく、放送が始まる前には2週にわたって『サイボーグ009前夜祭 アニメでフィーバー!』という前宣伝番組が放送されたほどです。僕も気合を入れて収録に入りましたが、同時にプレッシャーもすごく感じていました。オンエアを見ると、「ああ、下手だな」と、座っている椅子にどんどん自分の体が沈んでいくような感覚になりました。

収録が終わると００５のジェロニモ役を演じていた銀河万丈（当時は田中崇名義）さんと二人でご飯に行き、延々と反省会をしていました。「あのシーンはこういうつもりでやったんだけど、ちゃんとできてたかな？　どうだった？」と僕としては前向きに話をしていたつもりですが、やっぱりどこか落ち込んでいたのでしょう。銀河さんは優しくて、「あのセリフか。うん、よかったよ。でもまあ、もうちょっとこうした方がいいんじゃない？」という感じで話を聞きつつ、励ましてくれました。銀河さんは同期なのですが、６歳ほど年上で舞台も経験していたので、いろいろと教わりました。

とはいえ、それで演技が上手くなるわけではありません。ただ「役になり切って、役の気持ちで演じたい」という気持ちだけは持っていました。あの頃のことを聞かれると、「一生懸命、地球を守ろうとしていました」と答えるのですが、半分冗談、半分は本気です。

ジョーの背負っている哀《かな》しみを感じようとしていました。サイボーグ戦士たちは周りから化け物と言われ、それでも周りの人類を守らなくてはなりません。「なんて哀しい宿命を負った戦士なんだろう」と、お芝居が下手でも心だけは、本気で地球を守ろうとするジョーでいようとしていました。

「演じるということは、その役で生きることだ」

誰の言葉だったか、はっきりと覚えてはいないのですが、永井さんをはじめ、先輩方がずっと教えてくれようとしていたのは、こういうことだったのかもしれません。『００９』と出合い、僕の目指すべき道がボンヤリと見えてきました。

僕なりに足跡も残せたかなと思います。それは００９の代名詞の一つ「加速装置！」というセリフです。最初、台本にはセリフがなく、ト書きに「加速装置」と書かれているだけで、実際の画面では「ピキーン！」という効果音が入る予定でした。でもそのシーンの収録中に、ふいに言いたくなって「加速装置！」と口にしていました。周りは「えっ？」という顔になっていましたが、懲りずに言っているうちに、「言いたいならいいよ、それで演ってみましょう」と採用してもらえたのです。僕の中にいたジョーが自然に口にしたような感覚でした。しばらくしてでき上がってきた新しい台本に「加速装置！」というセリフが書かれていたときには嬉しかったですね。

そういえば僕の「加速装置！」は言いまわしが独特のようで、神谷明さんには、蝉の鳴き声みたいに「オーシーツクツク、オーシーツクツク、かそくそぅぉうちっ」なんてよくイジられました。

後になって「ナイーブな009のキャラクターにピッタリの声だった」と言っていただけましたが、意識してできたことではありません。もしそう思っていただけたのなら、それは僕を起用してくれた高橋監督やスタッフさん、支えてくださった先輩方のおかげです。お芝居も何もかも未完成だったからこそ、ジョーのナイーブでどこか壊れてしまいそうな危うさとマッチしたのかなと思います。

打ちのめされることも多かった作品ですが、あのときの自分ができることを、全力で取り組んだことだけは胸を張れると思っています。そしてこの経験が、僕に「演じる」ことの面白さを気づかせてくれました。『００９』はその後、何度もアニメ化されています。それだけの名作に関われたことは、間違いなく声優人生の誇りになりました。

石ノ森章太郎先生の故郷には「石ノ森萬画館」があります。この萬画館には僕も協力させていただいていて、実は館内は僕の声で溢れています。エレベーターに乗ると、「君はどこに降りたい?」、行き先のボタンを押すと「3階に行きます。加速装置!」という僕の声が流れるはずです。機会があれば、是非訪れてみてください。

シングル1枚でワンマンライブ

アンソニーや００９のおかげで、ファンレターを段ボールに何箱分もいただけることもありました。

「あれ？　俺ってもしかしたら売れてるのかも？」
そんな軽口を叩きそうになるくらい、調子に乗らなかったといえば嘘になります。周囲の反応も劇的に変わりました。それまでは声優を仕事にしている普通の兄ちゃんだった僕が、いつの間にかアイドル声優です。

この頃の僕は、お仕事の話がきたら、どんなお仕事でもまずはやってみようと思っていました。声優の歌手デビューは時代の流れだったのでしょうか。深野義和さんにデビュー曲の『P.S.アイ・ラブ・ユー』を作っていただき、三越の屋上でデビュー曲発表イベントを開きました。デパートの屋上などの新曲キャンペーンはなかなかハードです。マネージャーが付いて来られないこともあり、そんなときは、自分一人で準備しなければなりません。現地に向かい、関係者に挨拶をして、衣装に着替えます。メイクさんもスタイリストさんもいません。ステージの内容はトークと歌ですが、これも係の人と打ち合わせをしておかないと大変です。自分で持参した曲のカラオケのオープンリールを渡して、曲をかけるタイミングをお願いしておくのです。ステージはだいたい30～40分を2ステージ。終わるとオープンリールを回収して撤収です。

イベントでファンの人が喜ぶ顔を見られることは、新鮮な喜びでした。ある日名古屋のイベントに向かおうとしていたら、台風で新幹線が止まってしまい、諦めて家に帰ったことがあります。当時としては珍しくない話ですが、先方からどうしてもやってほしいと連絡をいただき、慌てて改めて名古屋に向かいました。到着したのは夕方6時くらい。予定時刻からすでに何時間も過ぎていて、本来ならデパートの屋上も閉まる時間。なのに、たくさんのファンの人たちが会場で待っていてくれたのです。その光景は本当に感激でした。

ほどなくワンマンライブをすることになりました。富山さん、水島君と1日ずつ交代でライブをする3DAYS企画です。すでに声優界のトップアイドルだった富山さんや水島君はともかく、初ライブだった僕は一人のライブで何をやればいいのか途方に暮れてしまいました。

というのも、レコードデビューはしましたが、持ち歌はA面B面の2曲しかありません。他に何を歌うのか、構成はどうするのか。バンドの手配も含めて、全て自分で準備しなければならなかったのです。

深野義和さんからのご紹介で所太郎さんにコンタクトを取り、バンドメンバーを集めていただけるようお願いしました。歌う楽曲は僕の好きな歌を数曲選んで、所さんと猛練習。その合間を縫って、ステージで流すスライド用の写真を伊豆に行って撮影したのですが、カメラマンは友達に頼みました。

幸いステージは無事に終わりました。このライブに限らず、イベント先の楽屋口に大勢の女の子が待っていて、会場から車で帰ろうとするとみんなが一斉に走って追いかけてくる、なんてこともありました。信じられないかもしれませんが、そんな時代もあったのです。

こだわりを持たずに受け入れる

女の子たちから注目され、キャーキャー言われるのも嫌ではありませんが、心の中で素直に受け止められない自分がいたのも確かです。「もっと声優や舞台の仕事をした方がいいんじゃないか」と焦っていたのかもしれません。事務所には、「声の仕事だけじゃなくて、なんでもやらなくちゃダメ。お芝居するだけじゃなくて、自分のパーソナルをちゃんと知ってもらわないといけないんだよ」と言われ、それはその通りだと納得はしていたのですが、それでも苦手なことを求められるのは苦痛でもありました。

特に苦手だったのはラジオやイベントでのフリートークです。もともと「人と上手く話せるようになりたい」という動機で声優の世界に入ったくらいですから、得意なわけはないのです。でも一緒に活動することの多かった水島君が、話題も豊富で面白く、おまけに生放送の時間ピッタリにトークを終わらせる余裕までありましたから、その隣で「僕もなんとかしなくちゃ」と焦ってばかりでした。

トークが苦手だった理由の一つは、自分の生き方に芯がなかったからだと思います。「これについてどう思う？」と聞かれたときに、自分なりの考えや、こだわりのようなものがほとんどなかったのです。お芝居についてはこだわっていましたが、それは仕事なので当たり前のこと。それ以外のことについては何に対しても「別にいいよ」と受け入れて、あまり深く考えていませんでした。「自分自身を見つめる」ことが苦手だったのです。

そう考えた僕は、ちょっとでも苦手なトークを克服するため、普段の生活から意識を変える練習をすることにしました。目の前の些細な出来事に自分だったらどう思うか、どう感じるか、どう行動するかと意識するようにしたのです。それですぐトークが上達するわけではありませんが、少なくとも、何か自分の意見を持てるようになろうと思ったのです。最近、人前に出る職業じゃないのにYouTubeなどでガンガンしゃべっている今の若い人を見ると、自己アピールが本当に上手だなと感心します。

今でもこだわらない性分は変わりません。最近はそれでよかったと思っています。こだわりがないのは短所にもなりますが、だからこそ僕の声優人生はここまで長く続けられたのだろうと思うからです。

実際、たいていのことは受け入れてやってきました。経験のないお仕事の話がきても「やったことがないので、できません」と断ることはせず、「できるかどうかわかりませんが、僕でよければ一生懸命やります」と引き受けてきました。上手くいかないときもあるのですが、やってみて得ることはたくさんあります。

実は一度、いただいたオーディションを自らお断りしてしまったことがあるのです。僕が声優人生で一番後悔していることです。

それは僕も大好きな、ある有名なキャラクターでした。仲良しの声優さんが僕のことを一生懸命推薦してくれたそうです。僕も最初はオーディションを受けさせていただくつもりで家で練習していたのですが、地声が使えないキャラクターだったので、声がかすれて出なくなってしまったのです。声が出せなくては始まらないと先方にお詫びをしたところ、「もし負担が大きいなら少しずつ録ることもできますよ」と改めて提案してくださいました。それなのに「大好きなキャラクターのオーディションを、こんな状態で受けるのは失礼だ」と思ってお断りしてしまったのです。

断ってからすぐに後悔しました。「どうして自分から断ってしまったのだろう。できるかどうかを決めるのは僕じゃないのに」という当たり前のことに気づかされ、それ以来自分から断ることをやめたのです。

自分にどんな可能性があるのかなんて、自分ではなかなかわからないものです。お話をいただけるということは「これをやってもらいたい。きっと面白いと思う」と期待してくださっているということ。声優としてこんなに嬉しいことはありませんよね。それであれば、自信がなくてもプロの言葉を信じてとりあえずやってみるべきだと思います。求められる仕事に自分で線を引く必要なんてないんです。

師匠と違えた道の先

『009』が放送されていた頃のことです。お世話になっていた青二プロダクションに大きな動きがありました。一部の所属声優が「ぷろだくしょんバオバブ」という声優事務所を立ち上げたのです。バオバブに移った声優の中には僕もいました。詳細な経緯は知らなかったのですが、そのとき進行中のお仕事を続けるには事務所を移籍する必要があったので、僕にとっては自然な選択でした。

決めたのは自分ですし、その選択自体に後悔はありません。ただ、新しい事務所のことは公表されるまで口外できず、師匠の永井さんに何も言わずに事務所を辞めることになってしまったのです。

いくら頭を下げたところで、許してもらえることではないと理解していました。

「申し訳ないと思うのなら、絶対に認めてもらうぐらい成長しなくちゃダメだ。成長して、永井さんに認めてもらうんだ」。僕はそんなことを考えていました。

永井さんからは何も言われませんでした。いえ、正確に言えば、現場で一緒になることがあっても、話すらしてもらえなかったのです。そして、その状態はしばらく続きました。

第4章

様々な役との出会いと成長

次の作品へとつながる出会い

アニメのお仕事が少しずつ増えてくると、自分の中で声優としての目標が明確なものになってきました。といっても、こういう役がやりたいとか、もっと売れたいとかではありません。自分がどんな声優になりたいのか、どんなお芝居ができるようになりたいのかを、漠然と考え始めたのです。その中でたどり着いた目標の一つが、「演出の方やプロデューサーさんに『次はこんな役をやってもらいたい』と思ってもらえるような声優になりたい」ということでした。

『００９』で僕を見つけてくれた高橋良輔監督は、僕に目標を持たせてくれた恩人の一人です。監督には、ひたすら優しい、海のように広くて深い愛情を持って接していただきました。『００９』が終わってからも「なんか井上君の声、好きなんだよね」と、『太陽の牙ダグラム』のクリン・カシムや『蒼き流星ＳＰＴレイズナー』のエイジなど、主役で呼んでいただけました。

『ダグラム』は監督としては初のロボット作品だったそうですが、かなり実験的なアニメで、しきりに「洋画みたいにしたいんだ」と話されていたことを覚えています。「ゲリラの話だから、砂埃《すなぼこり》が感じられるような音作りにしたい」と音にもこだわって作られていました。『レイズナー』でご一緒した後はしばらく間が空きましたが、２００６年の配信アニメ『幕末機関説 いろはにほへと』で久しぶりに声をかけていただいたときに、「誰にしていいかわかんなくてさ。そうだ、困ったときの和彦頼みだと思って」と言ってくださり、そう思っていただけていることがありがたかったですね。

スタッフさんとの出会いでお仕事がつながったといえば、ＡＰＵスタジオ（現・

APU MEGURO STUDIO）の浦上靖夫さんが音響監督をされていた作品にも多く出演させていただきました。最初は『赤毛のアン』のギルバート・ブライス。『ダグラム』と『レイズナー』も浦上さんでしたし、後に『美味しんぼ』へとつながっていくことになります。メインキャラではなかったのですが、クルーの一人のハタリ役で出演させていただいた『伝説巨神イデオン』も印象的な作品でした。『イデオン』の監督は富野由悠季（当時は富野喜幸名義）さんで、この作品に出たことが『機動戦士Ｚガンダム』のジェリド・メサにつながっていくのです。

藤子不二雄作品の多くも浦上さんがご担当で、僕もちょこちょこ出演させていただいているのですが、『怪物くん』で演った郵便屋コンドルという役は強烈なキャラクターで特に記憶に残っています。僕は鳴き声から「ギャオス」と呼んでいました。怪物くん役の野沢雅子さんとも多数の作品で共演させていただいているのですが、『トム・ソーヤーの冒険』では野沢さん演じるトムの友達のジョー・ハーパーを演らせていただきました。東京ディズニーランドのトムソーヤ島には「ハーパーの粉ひき小屋」があって、初めて行ったときには「あっ、俺の小屋だ！」と嬉しく

風まかせ
声優・井上和彦の仕事と生き方

FanTop NFT デジタル特典つき

デジタル特典内容

限定ブロマイド写真
&
書籍メイキング動画
（本人によるオーディオコメンタリー付き）

各５種のうち、１種ずつ封入！

注意事項

- 特典データを鑑賞するには別途FanTopアプリ（無料）が必要です。
- NFTデジタル特典は「FanTop」（https://fantop.jp）の利用規約を読み、承諾のうえご利用ください。
- 取得後の払い戻しや取り消し、交換、ギフトコードの破損・紛失による再発行等は一切お受けできません。
- ギフトコードを本人以外が利用した場合の補償はできません。
- FanTopがメンテナンス中の場合があります。その際は時間をおいて再度アクセスしてください。

取得開始：2024年3月22日0時0分

取得終了：2026年3月21日23時59分

FanTopについて

様々なジャンルの「ファン」にデジタルコンテンツコレクションの楽しみを提供します。

- FanTopは株式会社メディアドゥが運営するサービスです。
- FanTopおよびNFTデジタル特典に関するお問い合わせ先 https://support.fantop.jp

https://fantop.jp

©2021 MEDIA DO Co., Ltd. All rights reserved.

風まかせ

声優・井上和彦の仕事と生き方

NFTデジタル特典付き

NFTデジタル特典　取得ギフトコード

取得開始
2024年3月22日0時0分

取得終了
2026年3月21日23時59分

2DW4 ZKEZ KSJN Y9RS

二次元コードの読み取りができない場合は、
下記のURLへアクセスして、上記の16字のコードを入力してください。
アクセスURL　https://fantop.jp/issue
このNFTデジタル特典の提供元は株式会社宝島社です。

NFTデジタル特典 取得方法

※NFTデジタル特典の取得には「FanTop」のアカウント登録（無料）が必要です

①取得期限内に左の二次元コードを読み取って「FanTop」へアクセス!

▼

②表示される案内、手順に沿って「FanTopアカウント」を登録（無料）してください。

▼

③「引き換えする」をタップ。
特典取得後にギフトコードを再度利用することはできません。

特典をお楽しみいただくには、FanTopアプリが必要です（無料）

FanTopアプリはこちら

マーケットプレイスのご利用（NFTの出品・購入）には、別途「Bloctoウォレット」の登録が必要です。
（特典の閲覧はFanTopアカウント登録のみで可能です）

なってしまいました。ちなみに『トム・ソーヤー』の録音監督も浦上さんです。

楽しい思い出は個性的な共演者と共に

80年代はこんな風に、たくさんの作品、個性豊かな共演者との出会いがありました。先輩方とも共演を重ねてきたことで気後れすることが少なくなり、現場を楽しめるようになった時期です。楽しかった現場でまず思い出すのは『とんでも戦士ムテキング』や『ダッシュ勝平』でしょうか。

『ムテキング』はタツノコプロお得意のヒーローギャグアニメで、僕が演じたのは主人公の遊木リン（ムテキング）。『００９』の後に、クールな二枚目ヒーローとは違うテイストの主人公を演らせていただけたのは幸運でした。リンの兄を納谷六朗さん、敵でありながらムテキングに惚れてしまうタコミは高坂真琴さん。主人公を助ける救援メカのトカゲッテル役で千葉繁さんが途中から参加すると、楽しい現場がますます明るくなりました。

納谷さんとはこれが初めてのお仕事でしたが、この現場以降、どこで会っても本当の弟みたいに接してくださるようになりました。高坂さんは大先輩ですが、タコミちゃんの可愛らしさそのままの方でした。今でもよく一緒に飲ませていただいています。

『ダッシュ勝平』は田中真弓さんが初主役だったのですが、このときすでに天才でした。体も小さいし声も細いのに収録が始まるとちゃんと男の子になっている。それに、とにかくお芝居が大好きなことが全身から伝わってくるんです。性格も明るくオープンで、打ち上げでは率先して「ガード下の靴みがき」を「ネ　小父《おじ》さんみがかせておくれよ～　ホラ♪」なんて芝居っ気タップリに歌っていました。そして作品には千葉さんも出ていましたから、収録はアドリブの嵐でした（笑）。

この時代はどの番組に行っても、収録が終わるとほぼ毎回、飲みに行っていました。『ムテキング』や『OKAWARI-BOY スターザンS』では1年間の放送が終わって打ち上げ旅行に行ったことも楽しい思い出です。誰が言い出したのか、旅行のために積み立てをしようということになり、みんなで郵便局に積み立て用の口座を作って資金を貯めました。当時のアニメはほとんどが1作品1年間のスパンで放送されていたので、結構な額が貯まり、自分たちでバスをチャーターしたり、民宿を1軒丸ごと予約したり。誰かが「旅の栞」まで作ってきて、本当に修学旅行のようでした。

青春を共に過ごした郷里大輔君

『スターザンS』もタツノコプロ作品です。『ムテキング』がオーソドックスな変身だったのに対して、こちらは0・1秒で子どもから大人に変われるという設定で、普段は三枚目キャラなのに、憧れている女の子を前にすると瞬時にいい男になり、ほとんど一人二役状態でした。タイトルからもわかる通り、当時ブームになっていた『スター・ウォーズ』と『ターザン』をミックスした内容で、かなりコメディチックな役。演じていても楽しかったですね。

僕の中でこの作品がとても大切なのは、養成所時代からの友人だった郷里大輔君が鉄人ウルトラZ役でキャスティングされ、念願のレギュラー共演となったことでした。同じ養成所を卒業した後、お互い別の場所で頑張っていました。『009』あたりから声優の仕事で食べられるようになりましたが、それまではいくつもバイトをしていて、郷里君とも3つぐらい同じバイト先で働いていた時期があります。すでに語っているように、毎日、お互いの声をカセットテープに録音して練習したり、同じバイト先で大声を鍛えたりしながら「いつか一緒にレギュラーで共演しよう」と励まし合った親友です。だから、初めて共演できたことは本当に嬉しかったし、居酒屋で祝杯を挙げたときは、二人でボロ泣きしました。

その後、郷里君は『キン肉マン』のロビンマスクやアシュラマン、『ドラゴンボール』のミスター・サタン、『機動警察パトレイバー』の山崎ひろみなど、数多くの印象的な役で活躍しました。ナレーションも多数こなし、俳優としても山田洋次監督の『母べえ』に出演しています。2010年に亡くなってしまったことは残念だし、悔しい思いでいっぱいです。もうちょっと一緒に頑張りたかったなぁ。

吹き替えなのに「ヘイ！　マスター！」

若い頃は、あまり洋画の仕事の機会はありませんでした。あっても一言《ひとこと》二言《ふたこと》程度です。なので大先輩の納谷悟朗さんとご一緒させていただいたときはかなり緊張しました。確か盗賊の話で、僕は「旦那様！　旦那様！」と言うべきセリフを、ついつい「ヘイ！　マスター！」と原音のまま言ってしまい、納谷さんに「お前、これ吹き替えだぞ」「すいません」「まぁた今日も遅くなりそうだなぁ」と怒られてしまいました。スタジオでの納谷悟朗さんは貫禄もあって、本当に怖かったですね。

仕事には厳しい方でしたが、こっちが勝手に尊敬して怖がっていただけで、素顔はお茶目な方でした。後日レギュラー番組でご一緒する機会があって、僕の方から懐いているうちに、毎週、一緒に飲むようになりました。『昭和アホ草紙あかぬけ一番！』では、僕が主人公の丹嶺幸次郎、納谷さんが石打のじっちゃん役。「納谷さん、すいません。これ、僕が考えたアドリブで台本にないんですけど、言っていただけますか？」「おう、なんだ。どうやって言えばいいんだ」とノリノリで引き受けてくださったこともありました。何しろ納谷悟朗さんといえば銭形警部ですから、ギャグセンスも抜群なのです。

洋画で初めて主役級の役をいただいたのは『家庭教師』というイタリア映画でした。貧しい大学生と富豪の娘の悲恋の話で、「上手くできるかな？」とドキドキしながら収録したことを覚えています。

舞台とアニメの両立で芝居漬けの日々

この時期はアニメの仕事と並行して舞台もたくさんやらせていただけていたので、舞台からスタジオ、スタジオから次のスタジオへと移動する毎日でした。僕が26か27歳の頃、「まずは芝居ができるようにならなきゃダメだよ」と、富田耕生さんや富山敬さん、野沢雅子さんといった先輩方が劇団を作ってくださったのです、他にも野沢那智さんの劇団薔薇座とコラボ舞台をさせていただいたりと、お芝居を経験する場がたくさんあったことは本当にラッキーでした。

あえて思い出深い舞台をあげるなら『グリース』でしょうか。ジョン・トラボルタが主演した映画『グリース』を、僕が当時所属していたバオバブと劇団薔薇座が合同で舞台化したのです。ダニー役が僕、リッゾ役は戸田恵子さん、ケニッキー役は中尾隆聖さんという配役で、演出はもちろん野沢那智さんです。『グリース』の後は、開館したばかりのシアターアプルで『飛べ！ 京浜ドラキュラ』というミュージカルを演りました。『グリース』も『飛べ！ 京浜ドラキュラ』も、野沢さんの演出がムチャクチャ厳しくて、ちょっとでもセリフが遅いと、即座に怒声とピーナッツが飛んでくるのです。「刈り込んで刈り込んで！ セリフ遅い！」と言われても、僕の口は動きません。「そう言われても口が重いから仕方がない」と内心で思いながら飛んでくるピーナッツを避けると、「避けんな〜！」と怒られます。毎日真夜中まで稽古をしていたので、夜は稽古場にあった体育用のマットを引っ張り出して、太巻きみたいにくるまって寝たこともありました。

この間、声優の仕事も普通にあります。たいていアフレコの本番が始まるのは午前10時なので、朝になると時間に間に合うように、みんなで収録に出かけていきます。そして収録本番、僕を含めて稽古場に泊まり込んでいたメンバーは全員立ったまま座ろうとしませんでした。座ると寝てしまうので、ずっと立ったままで眠気と戦っていました。収録が終わると、稽古場に帰ってまた稽古です。

このとき、野沢さんは毎日ラジオで生放送のお仕事をされていました。僕たちは稽古を続けていましたが、野沢さんは生放送をしながら稽古で気になったことを書いて、僕たちにダメ出しを送ってくるのです。生放送中に書いたメモをマネージャーさんに渡し、それがファックスで送られてきました。

野沢さんの厳しさはよりよい舞台を作るためにしてくださっていたことで、舞台の厳しさと面白さを叩き込んでいただけたことは本当に感謝していますし、舞台を一緒に作り上げた人たちとは同じ釜の飯を食べた同志のような感覚でお付き合いが続いています。

『ラブラブバディボーイ』という二人芝居の作品では、中尾隆聖さんに迷惑ばかりかけてしまいました。舞台の本番中、僕は何度もセリフを飛ばしてしまったのです。頭の中は真っ白で「ヤバイ、ヤバイ、どうしよう！」と大パニックです。舞台の上には二人しかいませんから、むしろ困ったのは隆聖さんだったはずです。でも隆聖さんは、アドリブで僕のセリフを自分のセリフのように言い換えながら、物語が壊れないように、それでいて僕がセリフを思い出せるように上手に誘導してくださいました。中尾さんには一生頭が上がりません。

舞台に立ち始めた頃のことは、客席の反応や拍手が素直に嬉しかった記憶しかありません。学芸会気分で「エンターテインメントなんだから、どうやったらウケるか」「どうやってふざけようか」「今日はウケなかったな」ということばかり考えていました。でも、本来そんなのはどうでもいいことです。客席を気にしすぎて、自分でも気づかないうちにウケ狙いの演技になり、顔で芝居をするようになってしまいました。でもそのうち、「これは違う」と感じられるようになったんです。「舞台の上で役者が考えるのはそんなことじゃないだろ」と反省することが増えました。ウケ狙いの演技を「違う」と感じられたことで、自分なりの演技のこだわりが見えてきました。セリフの多少は関係なく、その役として存在できていればいいんだ。そうなりたい。ならなくちゃいけない。そう思うようになりました。

「気持ちの間」を描いた新感覚の野球アニメ『タッチ』

80年代中盤あたりは、人気漫画原作のアニメがどんどん増えていきました。どの現場も面白かったのですが、印象に残っているのは『よろしくメカドック』、そして『タッチ』でしょうか。声優の仕事を始めたばかりの日高のり子さんとは『メカドック』が初対面でしたが、翌年に始まった『タッチ』『忍者戦士飛影』でも共演しました。

皆さんご存知かと思いますが、日高さんが声優として大ブレイクしたのが『タッチ』の浅倉南役で、僕は上杉達也のライバル新田明男役。あだち充先生の原作は新感覚のラブコメとして一世を風靡《ふうび》していて、アニメの『タッチ』も時代を代表するようなヒット作になりました。新しい感覚はアニメにもちりばめられていて、最初に『タッチ』の映像を見たときは僕も衝撃を受けました。カテゴリーとしては野球アニメなのですが、泥臭いスポ根の場面がなく、登場人物の心情がゆっくりとしたテンポで丁寧に描かれているんです。セリフもゆっくりとしゃべらないと時間が余ってしまうくらいでした。そうやって生まれる「気持ちの間」がなんとも言えない甘酸っぱい味わいを生んでいました。１枚１枚の画もすごく丁寧にきれいに描かれていて、達ちゃんと南ちゃんが見つめ合うシーンなどはセリフがなくてもずっと見ていられましたね。おまけに南ちゃんも色っぽくて、僕も演じながら、自分が高校生に戻ったようなドキドキした気持ちで見ていました。

嬉しいことに、番組終了後も長い間、夏休みのたびに『タッチ』の再放送があり、たくさんの人に見てもらえました。もっとも、新田が活躍するのは決勝戦に向けた物語の後半なので、残念なことにその前に夏休みが終わってしまうわけですが……（笑）。

憧れの富山敬さん――その背中を追い続けて

『銀河英雄伝説』は田中芳樹先生の原作をもとにしたOVA（オリジナル・ビデオ・アニメ）シリーズとしてスタートし、１００話を軽く超える本編と外伝、さらに劇場映画も、という壮大な長編シリーズでした（本編１１０話、外伝52話、劇場映画3作）。僕は自由惑星同盟側のダスティ・アッテンボローを演らせていただきました。このキャラクターは「俺たちは伊達や酔狂で戦争やってるんだ！」「みんな、格好が悪くてもいい、生き残れよ！」「つまりな、『それがどうした』というんだ」といった名セリフと相まってファンの方からも愛されていて嬉しい限りです。

そして僕ら自由惑星同盟側の中心的存在、ヤン・ウェンリーを演じていた富山敬さんは、僕が尊敬し憧れる声優さんです。僕はずっと富山さんの背中を追いかけてきました。

役者として、声を聞いてすぐにその方だとわかる個性の強さも魅力の一つですが、富山さんは個性を強く押し出さず、声を大幅に変えるわけでもなく、どんな役も自然にさらりと演じられていました。そしてあらかじめそうと決まっていたかのように「そうそう、このキャラクターはこの声でこういう話し方だよね」と見ている人に思わせ、しかも役の存在感を失わせない、そういうお芝居をされる役者さんです。

富山さんとは多くの作品でご一緒させていただいていますが、『アローエンブレム　グランプリの鷹』『三国志』『銀河英雄伝説』などは、収録前にお芝居の方向性を確認するときに、ディレクターさんから「どっちのキャラのセリフかわかりにくいから、役がぶつからないよう芝居を変えてほしい」と言われました。富山さんのお芝居が理想で研究もしていた僕としては、周りから「声質がそっくりだね」「似ているね」「どちらかわかりにくい」なんて言われると、内心で大喜びしていたことをよく覚えています。

演じ手がわからないくらいに役として自然なお芝居をしたいと思っているので、

「誰が演っているかわからなかったから、エンディングテロップを見て驚いた」といった感想をもらえると、嬉しくてガッツポーズしたくなりますね(笑)。そんな僕にとって、今でも富山さんのお芝居は永遠の目標です。

『ジリオン』のチャンプ役で新境地

僕が関わらせていただいた多くの作品の中で『キャンディ♡キャンディ』『サイボーグ009』『美味しんぼ』のように、人気が出て世代を超えて話題にしていただけるような作品は当然印象深いのですが、人気のあるなしではなく、個人的に演技のターニングポイントになった印象深い作品がいくつかあります。その一つが『赤い光弾ジリオン』です。僕が演じることへのこだわりを持ち始めた、最初の作品だったかもしれません。

僕は比較的作品の中心にいる役柄をいただくことが多く、二枚目だったり明るく熱血な主人公だったり、それまでは割とストレートな役作りをしていたのですが、

『ジリオン』でいただいたチャンプというキャラクターは、主役を傍で支えるポジションでした。冷静でクールな凄腕スナイパーなのに、主人公ＪＪとの掛け合いが始まると、クールな設定が崩れてコントのようになり、ギャグっぽい一面も見せる、振り幅の大きい役なのです。彼をストレートに演じてしまってはつまらない、チャンプの持っている多面的な魅力を表現したいと、それまで演じたことがなかった、ちょっと柔らかい感じの役作りを意識しました。録音ディレクターさんが『よろしくメカドック』『昭和アホ草紙あかぬけ一番！』などなど、いくつもの作品でお世話になっていた清水勝則さんだったこともあり、清水さんに相談させていただきながら役を掘り下げていったのです。このシリアスとコメディが絶妙にブレンドされた物語はアニメファンにとても愛され、ＯＶＡも作られました。

そういえばマイケル・ジャクソンも『ジリオン』のファンだったようで、「Scream」のＰＶに『ジリオン』の画が使われたのだとか。ビックリです。

主役のＪＪを演った関俊彦君はこれが初の主演作品で、その後の活躍はご存知の通りです。途中から速水奨君も参加してきて、関君と速水君はその後もたくさんの作品で共演することになるのですが、この頃からすでに息が合っていました。レギュラー陣の仲の良さもあって現場の雰囲気がよく、みんなでお金を出し合って作中に出てくる「ジリオン銃」のおもちゃを買い、休憩時間に撃ち合って遊んだりもしました。夏はみんなで海に旅行に行き、そこでもやっぱり、夜の砂浜で岩場に隠れながらジリオン銃の撃ち合いっこをしました。若かったというか、むしろ子どもでしたね（笑）。ジリオン銃はその頃アメリカで流行り始めていた、赤外線を使った銃で撃ち合うサバイバルゲームからアイディアをもらったのだそうで、ガンアクションも格好よく描かれ、僕らが遊んでいたのも仕方なかったかもしれません（笑）。

ともあれ、声優として新しい挑戦ができた『ジリオン』は、僕の中では新しい扉を開ける挑戦のような作品でした。チャンプという役を演らせていただけたことで、新しい感覚を感じられるようになったのは間違いありません。ここで挑戦したことが、この後の『美味しんぼ』や『夏目友人帳』といった作品につながったのだと思っています。

『美味しんぼ』でつかんだ「役作り」のコツ

『ジリオン』で感じた「役を多面的に広げていく面白さ」が一つの形になったのが、翌年に出会った『美味しんぼ』の山岡史郎です。原作漫画は大ヒットしており、社会現象になっていました。

もともと山岡は別の方が演じる予定で進んでいたのですが、原作者の雁屋哲先生の鶴の一声で改めてオーディションが開かれることになりました。そこでこの作品の音響監督・ＡＰＵの浦上靖夫さんが、僕に声をかけてくださったのです。

ありがたいことに山岡役をいただけて、いざアフレコが始まるという段階になり、僕はマイコプラズマ肺炎に罹《かか》ってしまいました。3週間の入院です。放送開始のスケジュールは決まっており、このままではどうやっても間に合いません。「終わった……」と降板も覚悟しましたが、そうはなりませんでした。入院先に浦上さんが大きな花束やパジャマ、そして発売中の『美味しんぼ』のコミックス16巻まで全冊を持ってお見舞いに来られて、こう言ってくださったのです。

「これ読んどいて。早くよくなってよ。それまで待ってるからさ」

　詳細を伺うと、アニメの放送を延期して、その代わりに2本分の特番を作ってつないでくださるとのことでした。ここまで大事にしていただけるなんて声優冥利に尽きる話です。なんとか退院して特番の収録には出られたのですが、ずっと点滴生活だったので顔もげっそり、体もガリガリです。「料理のアニメなのにこれじゃあまずいよな」と焦っていました。

　ここまでしていただいて始まった収録ですが、最初はなかなか上手くいきませんでした。浦上さんと僕はヒーロー作品を多く作ってきたこともあって、どうしても山岡がヒーローになってしまうのです。「普通にしゃべっただけで格好よくなっちゃうから、もっとだらしなくしゃべって。料理のときだけスイッチを入れてキリッとしてくれればいいから」と何度も言われました。山岡はいつも二日酔いで出社するぐうたら社員ですが、そのだらしなさがどうしても出ない。声優の本能みたいなもので、マイクの前でだらしなくすることができないんです。

今まで散々お酒を飲んできているのに、「あれっ、二日酔いってどうなるんだっけ」とわざと二日酔いになってみたり、だらしなさを出したくて寝起きのままでスタジオに行ったりもしました。

「和彦、もっとさあ、ボソボソしゃべってくれない？」「格好よすぎるんだよね。もっとこうしてみたら？」とテストをするたびに浦上さんがスタジオに入ってきて指示をしてくださるのですが、そんな浦上さんを見ているうちに「あれっ？」と自分の中で何かが引っかかりました。実は浦上さんご自身がボソボソと話される人で、横でその声を聞いているうちに「もしかしたらこういうことなのか？」とひらめきました。そして浦上さんの雰囲気を取り入れてみたところ、ようやくＯＫが出たのです。もちろんそのまま真似したわけではありませんが、大きなヒントになったことは間違いありません。

「こんな身近なところにモデルがいるのか」と、何か大切なことを発見した気分でした。

それまでの僕は役者さんしか見ていなかった気がします。上手い人を見て、どう「演じて」いるのかを観察して、お芝居を盗もうとしていました。でも、この経験をしてから、役作りのヒントは役者さんの演技だけじゃなく、身の回りにいくらでもあるということに気づいたんです。それまで見ていなかったわけではありませんが、意識して周りを見るようにすると、面白い人が本当にたくさんいるのです。

それからは、役作りの視野が一気に広がった気がします。新しい役をいただくと、「あの人とあの人の、この部分を合わせたような性格だな」という感じで、演技の最初のとっかかりを作れたり、役のエッセンスを見つけやすくなった気がします。例えば『六門天外モンコレナイト』のコレクション伯爵は、すごく面白い話し方のダンスの先生と生徒さんの会話をヒントにして役作りをしました。どんな仕事でも何をやってもお芝居のヒントになるんだということに気づいたのは、僕にとって大きな収穫でした。

社会的影響が出るほど長く愛される作品に

『美味しんぼ』の収録が始まって個人的に最初に驚いたのは富井副部長役の加藤治さんのお芝居です。ロボット作品でのガタイのいいキャラクターを演じられるイメージが強かったので、まさかあのカン高い声で「やぁ〜ま〜おか〜」とくるとは思いませんでした。「富井副部長の顔を見たときにこんな声が出てきちゃったんだ。最初にこれやっちゃったから、ずっとやらなきゃいけない。ちょっとつらいよ」なんて笑っていらっしゃいました。

　収録スタジオの近くには喫茶店があり、僕はそこに立ち寄っていくのが習慣でした。僕が行くといつも先に海原雄山役の大塚周夫さんがいらっしゃって、新聞を読みながらコーヒーを飲まれているのです。挨拶をして同じテーブルでコーヒーを飲み、いつも一緒にスタジオへ「同伴出勤（笑）」していました。大塚さんは声優としてのお仕事だけではなく、ドラマや舞台にもたくさん出演されていて、「リアルなお芝居とはどういうものか」を追求されていた方です。山岡と海原雄山は物語の中では対立していましたが、喫茶店ではいろんな話をお聞きした記憶があります。

幸い『美味しんぼ』は好評をいただき、1988年から1992年まで放送が続きました。長く続いたことは素直に嬉しいことで、原作も同時進行でしたから、番組の影響力はすごいものでした。例えば「お豆腐」がテーマの回で、山岡が食品添加物を使った豆腐を「こんなのは豆腐じゃない」と言うと、翌日には全国のスーパーが添加物を使った豆腐を片付けたのだそうです。「鯨肉」を扱った回が、テレビ界で権威のあるギャラクシー賞を受賞したことも驚きました。ちょうどバブルの空気感もあって、テレビでも「食レポ」が増えていましたが、単なる美食ブームだけではなく、あの頃はまだそこまで注目されていなかった「食の安全」や「食育」というテーマまで取り上げていたことも、作品の人気につながっていたんだと思います。

もう放送から30年以上経ちますが、『美味しんぼ』に出演できたことは僕の財産です。山岡というキャラクターは「ぐうたら社員のヤサグレ感」「主人公らしいヒーロー感」「食に対する情熱と誠実さ」「父親である海原雄山に反発する青年らしい理想主義と青臭さ」といった多面的な魅力があって、３年以上もこのキャラクターと付き合えたのは得難い経験でした。

師匠との雪解け、亡くなるまでの交流

１９８８年に映画『コクーン』の吹き替えの仕事がありました。アカデミー賞も受賞したＳＦファンタジーで、「老いと死」をテーマに、老人ホームに暮らす老人たちと宇宙人の交流を描いた名作です。そして、このテレビ放映用の吹き替えには、師匠の永井一郎さんも参加されていました。永井さんはジョーという主人公の親友で、同じ老人ホームで奥さんと暮らしている老人役。僕は人間に扮した宇宙人がしていた海底調査を手伝うジャック・ボナーという男の役でした。

永井さんとは僕が事務所を離れてからずっと口をきいてもらえず、気まずいままかなりの時間が過ぎていました。

収録が終わった帰り際、永井さんがスタジオの出口付近で所在なさげに僕を待っていてくださったのです。そして一言、「和彦、上手くなったな」と言って、そのまま去っていかれました。

たった一言。でもその言葉に「ああ、ずっと見ていてくださったんだな」と、僕はその場で感極まってしまいました。

それからは現場でも挨拶を交わしていただけるようになり、以前のように食事をしたり、二人でお酒を飲みに行ったりという関係に戻ることができました。僕は永井さんのことを「オヤジ」と呼んでいたのですが、本当に親子みたいな感覚でした。

それから10年後くらいの父の日に、万年筆とシャープペンのセットをプレゼントしたのです。感謝の気持ちを伝えたかったのでメッセージを書こうと思ったんですが、書くことがたくさんありすぎて、結局「バカ息子より」と一言だけ書いて贈りました。

そこからさらに半年くらい経って、現場でお会いしたとき、永井さんは僕の隣で着ていたジャケットを開き、内ポケットを見せるのです。そこには僕が贈ったペンが2本挿してあり、永井さんはニヤリと笑って「和彦、ありがとうな。いつも使ってるぞ」と言ってくださいました。

ちょうど自分の父が亡くなった後のことで、この言葉もとても沁《し》みました。

永井さんは柔軟性のある方で、頭脳も明晰、多くのことはご自身で考えて決断し行動されていらっしゃったようです。収録にスーツで来る習慣がなくなったのは永井さんがきっかけだったと聞いています。原因不明の病気になったときはご自身の理論で治してしまわれました。糖尿病でしたがご自身の体調を判断して禁酒はせず、芋焼酎をたしなまれていました。82歳で亡くなる日まで仕事をされていらっしゃって、本当にお元気な方でした。

第5章

声優を支える立場への転身

「井上和彦の声優教室」を開設、事務所の社長へ

41歳のときに「井上和彦の声優教室」を始めました。プライベートで「お芝居を教えてほしい」と頼まれたことがきっかけで、せっかくお芝居を勉強するなら人数がある程度そろっている方がいいかなと教室の形にしました。なので正直なところ、見切り発車でした。でもありがたいことに生徒は1年目から50人ぐらい集まってくれて、先輩が持っていた稽古場をお借りする形で始めることになったのです。

1年目が終わる頃、生徒たちから「この先、声優になるためにどうしたらいいですか」と相談され、卒業後の道筋も付けてあげられるようにしなければと「元氣プ

ロジェクト」を設立した友人と共同経営をすることになり、2年目からは事務所の社長にもなりました。

教室を始めたときは、先生だけではなく運営も全て一人。やることが多すぎて、自分のレギュラー番組のお仕事を断っていたくらいです。あるとき自分の状況が本末転倒になっていることに気がつきました。そこで、一人で全部抱え込むのをやめて、今までお仕事で共演した人たちに声をかけ、まずは講師をお願いすることにしたんです。

年を追うごとに生徒数が増え、教室を引っ越し、講師を増やし、全ての授業のプログラムを組んで時間割を作って……教室の運営は本当に大変です。

声優教室を始めてから10年、Ｂ－Ｂｏｘを設立して教室の名前も「B-Box Actors School」に改名しました。さらに10年後、事務所の社長を交代したタイミングでスクールの名前も「ＶＡＥＬ」に改名、校長という肩書きは変わりませんが、基本的に学校経営も運営方針も会社に任せています。ようやく状況が安定し、軌道に乗り始め、「ＶＡＥＬ」を卒業した教え子たちが多数、プロの声優として活躍してくれています。現場で共演すると、すっかり父親の気持ちです（笑）。

教室を始めてから30年間、声優志望の若い人たちを教えてきました。僕がデビューしたときに比べると、声優になりたい人の数は桁違いに増えました。あの頃は学校もまだほとんどなく、僕が行った「テレビタレントセンター」も、本来はタレントを育成するための学校でした。

その後、徐々に声優の学校ができ始め、現在、声優志望の人は、声優事務所が運営する養成所に入って、その事務所の所属になるというルートが主流になっています。洋画の吹き替えの現場では、文学座や劇団俳優座、劇団青年座といった劇団に所属している役者さんがキャスティングされることも多く、そこからアニメの仕事を始める方も結構いるので、必ずしも「声優になりたい＝専門学校や声優養成所」ではありません。いずれにしても、いろいろな入口からたくさんの人が声優を目指してくれるのは嬉しいことです。

役は作りものだけど、役の気持ちは本物

他の人に教える立場になって、僕自身が教わること、気づいたことがたくさんありました。最初に教室を始めるとき、「自分ができないことを生徒に教えることはできない」と思い、「自分にできることはなんだろう、お芝居ってなんだろう」と改めて自分のお芝居を見つめ直しました。どうやって演技ができるようになったのか、なぜそれが必要かを言語化するのは大変で、想像以上に感覚に頼っていたんだと痛感しました。言葉にして人に教えるということは、これが最善と思ってやってきたことが「間違ってなかった」と自ら正当化することでもあるんですね。そして改めて「ちゃんと感じて演技をしなきゃいけない」と、初心を思い出すいい機会になりました。

「ちゃんと感じて演技をする」とはどういうことか。例えば僕はレッスンでこんな

話をします。

あなたは「恋人が死んで泣く演技」をすることになりました。泣くために悲しいことを考えて、例えば亡くなったおばあちゃんを思い出して「泣く演技」をしたとします。でもそれは「おばあちゃんが死んだ悲しみ」であって、「恋人が死んだ悲しみ」ではないですよね。

「ちゃんと感じる」ためには、自分と物語の中の恋人が、「どう出会って、どう付き合って、どんな思い出があって、どんな未来を想像していたのか……」というようなエピソードをできるだけたくさん考えて、そのときの気持ちを想像します。そこから「恋人が死んだ」と想像すれば、役を「ちゃんと感じて」生まれる感情があるはずで、初めて役になって泣けるんです。

外から見れば同じ「泣く演技」かもしれません。でも、やっぱり違うんですね。大変ですが、そういう練習を繰り返すことで役の気持ちになって演技することができるようになっていきます。

借り物の感情では、人は騙《だま》せても自分は騙せません。そして自分が嘘だとわかっている「それっぽい演技」は、やっていて自分が楽しくなれないのです。少なくとも僕は「その役の気持ちになれたとき」に、初めて楽しいと感じます。

なので、僕はお芝居をするとき「井上和彦がいて、役のセリフを言っている」のではなく「その役が、そこでしゃべっている」という感覚を一番大事にしているのです。

現場で「ちゃんと役の気持ちになってるなぁ」と感じる声優さんはたくさんいます。例えば、林原めぐみちゃんはまさにという感じで、役柄によっては収録が終わると動けなくなってしまうくらい、毎回、気持ちでお芝居をしているのが伝わるんです。

もちろん、これは演技の方法の一つでしかなく、他にも無数の方法があります。正解が一つしかないものではないので、誰もがそうすべきだとは思いませんが、役に向き合うという経験は決して無駄にはならないはずです。お芝居はフィクションですから役は作られたものですが、声優を目指す人たちには「作られたキャラクターでも気持ちは本物」というお芝居ができるようになってほしいなと思っています。

転機となった「音響監督」への挑戦

僕にとって新たな挑戦であり大きな経験となったのが、２０００年に初めて挑戦した音響監督とアフレコ監督のお仕事です。最初にアフレコ監督として『人造人間キカイダー THE ANIMATION』を担当することになり、それをきっかけに『SAMURAI GIRL リアルバウトハイスクール』『スパイラル～推理の絆～』『機動新撰組 萌えよ剣ＴＶ』と続いていきました。

音響監督はアニメや吹き替え作品の音声部分を全て演出する仕事で、声優さんの演出から効果音、音楽までカバーしなくてはいけません。一方でアフレコ監督は声優さんのディレクションだけを担当します。まったく経験したことはなかったのですが、『キカイダー』のときに、石森プロの方から「舞台の演出もされているし、生徒さんにも教えていらっしゃるからできると思います。009の井上和彦さんに是非」と言っていただいたら、僕としては断るわけにいきません。

アフレコ監督だけでも、ものすごく大変でした。ずっと声優として仕事をしてきたので、「自分だったらこう」というイメージが強すぎたんです。距離感がちょっと違うだけでも「う〜ん、芝居が違うんだよね」となり、本当なら問題ないくらいなのに「ここのセリフのピッチ上げてくれる？」と一つひとつ注文をつけてしまったんです。でもディレクションでは、出演をお願いした声優さんのお芝居の良さを引き出さなければいけません。

いったいどうすればいいんだろうと途方に暮れていたとき、『NARUTO－ナルトー』などを担当した音響制作会社の社長でもあり、『宇宙海賊ミトの大冒険』（第1期）で音響監督をされていた鶴岡陽太さんに「みんなから部品をいただくと思えばいいんですよ。通して完璧じゃなくても、個々にいいものを出してもらったら、それをつなげていけばいい作品になりますよ」とアドバイスをいただきました。なるほど、限られた時間の中でやる以上、そういう考え方も必要なんだと納得しました。

『SAMURAI GIRL リアルバウトハイスクール』では、オリジナル曲を発注するのにCDを５００枚くらい聴きまくりました。「こんな感じでお願いします」と発注した曲が、後に『料理の鉄人』など多くの番組で使われたんです。自分のイメージした曲があちこちで流れたことは、素直に嬉しかったですね。

音響監督としての苦労はたくさんありましたが、一番は体力面の問題でした。声優としてのお仕事が普通にありましたから、昼は声優、夕方から夜は音響監督ということも日常でした。あるとき、徹夜で朝の9時過ぎまでダビングをして、その足でスタジオに行って10時から洋画の収録をしたんです。洋画は長尺といって朝から夜までかかって1本録るのですが、夕方になったらもう舌が回らない。「ああ、本業がきちんとできなくなってしまうのはダメだ」と思い、音響監督のお仕事は少し控えるようにしました。

音響監督は、作品の音全てに気を配らなければなりません。実際にやってみてわかりましたが、想像以上に気を配る範囲が広いんです。声優さんのキャスティングに始まって、現場でのお芝居、どんな音楽や効果音をどんなタイミングでどう入れるか、さらにそれが全部合わさった完成形までイメージしてお仕事をしなくてはなりません。僕は音響監督をやって白髪が一気に増えました。頭の使いすぎですかね(笑)。

大変でしたがとても貴重な経験をさせていただき、お芝居に対する考え方が、根底から変わりました。今までは、役の感情や相手との距離感をイメージして演じていましたが、そこに加えて「ここは風の音が鳴ってるな」「背後で電車が走っている」「このセリフが終わったら音楽が流れる」といったように、音楽や効果音がどう聞こえているかということまで、立体的に捉えられるようになりました。

もちろん、背景に音が流れることは頭に入っていましたが、ここまで細かくはイメージできていませんでした。「このシーンは木がザワザワと風で揺れて、髪の毛がバサバサする音が入るかな」とイメージしながら演技をしていると、今までと違った感覚が生まれてきたんです。今までは、どちらかといえば「気持ちが伝わる演技をしなければ」と思っていたところが、「セリフ以外の音も感情を伝えてくれている、自分一人で表現しなくてもいい」と周りの空気に委《ゆだ》ねられるようになりました。役としての力の抜き方というか、抜け感のようなものが自然にできるようになった気がします。

新たなブームが時代と共に

近年、声優の仕事にテレビや映画以外の潮流が生まれてきました。ＯＶＡやゲームの仕事が爆発的に増え始めたのです。例えばゲームでは、僕がクラース・F・レスター役を演じた『テイルズ オブ ファンタジア』は何本も続く人気シリーズとなりました。

そんな中で徐々に盛り上がりを見せたのが、「ネオロマンス（ネオロマ）」と呼ばれる乙女ゲームです。僕はネオロマの中の『遙かなる時空の中で』というシリーズで、橘友雅に始まり、翡翠（『遙か２』）、梶原景時（『遙か３』）、風早（『遙か４』）を演じました。ゲームキャラの人気がすごく、それぞれのキャラクターソングが発売され、キャストが出演するアリーナ規模のコンサートが１年に何度も開催されました。

僕は、「ゲームのキャラクター人気でコンサート？」と最初は理解ができず、初出演は２００６年くらいでしょうか。ステージに出ただけでも歓声がすごすぎて、本当に壁が揺れていました。何かをしゃべるたびにまた「キャー！」と歓声が上がるので、ステージ上のスピーカーから聞こえるはずのカラオケの音が消えてしまうのです。音を聞こうとスピーカーに近づくと、その周辺の人たちがさらに盛り上がるので余計聞こえなくなっていました。本当にビックリすると同時に、「ゲームの力ってすごいんだな」と実感しましたね。ネオロマ関連のイベントやコンサートは何年も続いて、僕も合計すれば１００を超えるステージに出ています。ありがたいことに、このゲームをきっかけに応援してくださるファンの方が増えました。

女性プレイヤーを美形キャラが取り囲むネオロマとは別に、この時期に盛り上がったジャンルに「ＢＬ（ボーイズラブ）ＣＤ」があります。『タクミくんシリーズ』はこのジャンルの初期の作品でしたが、人気がめちゃめちゃ出て続編を何本も作ることになりました。

一番最初の収録のときのことです。三ツ矢雄二君がディレクターをしていたのですが、スタジオに入るとマイクスタンドが3本、三角形で向かい合うように置いてあるんです。三ツ矢君は「向かい合って会話した方が演りやすいかなって」と笑っていましたが、一直線の通常の形に戻してもらいました。相手が視界に入ってしまうと、どうしても同じ距離感で演技をしてしまいます。ぐっと近づくときは近い距離感でお芝居をするし、遠かったら遠い距離感でするものです。距離が変わったらお芝居も変わるのです。このジャンルの作品は特にこの距離感が重要で、ミリ単位で神経を使ってより繊細なお芝居を追求する必要があります。面と向かって愛を語るのが照れくさかったからではありません、念のため（笑）。

アドリブを活かすチームワーク

2000年前後から、僕はまたアニメの仕事が増え始めました。今も続く『名探偵コナン』のシリーズでは、白鳥警部の役。白鳥警部はもともと塩沢兼人さんが演じていらっしゃったキャラクターで、塩沢さんが若くして亡くなってしまったため、後を引き継ぐことになったのです。長く続いている作品だけあって、現場のチームワークがめちゃくちゃいいのですが、なんといっても「コナン」役の高山みなみちゃんの存在が飛び抜けています。座長として見事に現場をまとめていて、誰がゲストで入っても、みなみちゃんや林原めぐみちゃんが中心になって温かく迎え入れてくれます。僕は白鳥警部を受け継ぐ前に、劇場版の犯人役としても出演しているのですが、そのときもチームワークの良さを感じていました。まさに言葉通り「息ピッタリ」。息遣いも含めて、出演者みんながお互いの「間」や演技のクセを理解していて、アドリブが入ってもスムーズに対応しているのです。キャストだけでなく作画スタッフも含めた一体感を特に強く感じる作品です。

『六門天外モンコレナイト』は現場も役も、ものすごく楽しい作品でした。カードゲームのアニメ化なので原作がなく、アドリブはかなり自由に演らせていただけました。僕が演じているコレクション伯爵が乗る「カットビライオン」が出動するシーンは、最初音楽だけの予定だったんですが、それだけじゃつまらないと思って、この尺に収まるように、勝手に「コレクションの薔薇のお部屋」というコーナーを始めたんです。本番直前に「ちょっとしゃべりますから、マイク生かしておいてもらえますか。使えなかったらカットしてください」と宣言して、部下役の氷上恭子ちゃんと今井由香ちゃんと一緒にいきなり「コレクションの薔薇の部屋へようこそ〜」と始めたんです。最初はラジオＤＪ風に架空のお便りを作って読んだのですが、毎回のお約束で主人公にやられて吹っ飛ぶシーンで「お便り、待ってま〜す」

と言っていたら、本当にお手紙がきて、見事レギュラーコーナーに。それからは毎回、3人でスタジオに早めに入ってお便りを選び、打ち合わせをしていました。共演者には千葉繁君もいて、因縁のアドリブ合戦もありました。本番でいきなり千葉ちゃんがセリフと全然違うことを言い出して仕掛けてくるので、こっちも負けないように全部言い返しましたね。終わってから「いきなり始めるなんてずるいよ」「アドリブを入れても返してくるんだから当たり前だろ」なんて言い合ったことが記憶に残っています。

逆に台本通りにやって問題になったこともあります。『機動戦士Zガンダム』のジェリド・メサのセリフで「汚名挽回」というセリフを言ったところ、「汚名返上」か「名誉挽回」ではないかとネット界隈で長く話題になりました。後になって国語辞典を編纂《へんさん》する専門家の方が「『汚名挽回』は誤用ではない」として決着したようです。気になる方は調べてみてください。

「二枚目声優」から「なんでもやる声優」へ

『セクシーコマンドー外伝 すごいよ!!マサルさん』も忘れられない作品です。この作品の大地丙太郎監督と音響監督のたなかかずやさんのコンビは、『おじゃる丸』や『フルーツバスケット』なども有名ですが、衝撃的な作品を作るのが得意なお二人なのです。この『マサルさん』ではわかめ校長（さかきばらのぶゆき）という、これまた不思議な役を演りましたが、オーディションでは「あれやって、これもやって」とほぼ全部の役をリクエストされ、最後に「老け役はできる？」と聞かれて演ったお芝居で校長役として採用されたのでした。大地監督は「和彦さんに頼んでおけば、何かしらやってくれるね」と言ってくれるほど信頼してくださっていて、いきなり「今日、ヨロシク仮面の主題歌録るから、休憩時間に聞いといてね」と資料を渡され、その日に収録した歌はなんとCDにも収録されました。

『マサルさん』の話ではないのですが、監督にラジオ番組に呼ばれて話をしたときも、しきりに「和彦さんっていろんなキャラやるよね」と話題にしてくださり、変な声で盛り上がったこともありました。

このお二人とは『レジェンズ～甦る竜王伝説～』という、僕のお気に入りの作品でもご一緒させていただきました。僕が演じたのはシロン、ランシーン、カネルドウインドラゴンの3役。中でもシロンは格好いい声でしゃべるのですが、普段は主人公の肩に乗っているチビシロンの姿で、「ガガガガガ」としゃべるだけ。今考えれば『夏目友人帳』のニャンコ先生の原形みたいな役でした。業界の中でも、最初、シロンとチビシロンは別の声優が演っていると思っていた人もいて、クレジットに名前が出て、「え？　両方、和彦がやってんの？」と驚かれました。話が進むとシロンの分身だと判明するのですが、ランシーンの初登場では「これも和彦!?」となり、合体して本来の姿になったカネルドも含め、1役で4度楽しませていただきました。

『マサルさん』から続く、大地監督とたなかさんとの縁が、後にニャンコ先生につながっていくことになります。ニャンコ先生は、いきなり生まれたわけではなく、シロンからの流れで生まれたキャラなんです。

『今日からマ王!』では、フォンクライスト卿ギュンターという役に出会いました。超美形なのですが、鼻水を流すほど主人公にベタボレしている、かなり変わったブチギレキャラでした。一部のアニメファンの間では「井上がなんか変なキャラやってる!」と驚かれましたが、自分の中では特別に何かを変えたわけではありません。もともと僕の中にあったけれど、あまり表に出ていなかった部分を見つけていただいただけなのです。

平成版『妖怪人間ベム』も、僕の中では新しい扉が開いたような感覚を味わわせてくれた作品です。オーディションでベムの画をイメージして出てきた「早く人間になりたい!」の声が、今まで出したことがないような変な声になったのですが、『魔法の天使クリィミーマミ』や『タッチ』の頃からお世話になっている音響監督の藤山房伸さんにOKを出していただきました。キャラクターがまた僕の新しい引き出しを開けてくれたんですね。

おそらくですが、僕の中に小さい頃から見てきたベムの存在があって、オーディションを受けられることになったとき、「自分だったらこう演じる」というイメージを真っすぐに出したら受かったのかなと。ベム役に決まったときは、昔から僕を知っている人たちがみんな驚いていて、なんだか「やったぜ！」という気分でした。ベムは、過去にほとんど演ったことがないような、感情を押し殺したキャラクターです。新しい役作りをさせていただいたことで、役の幅がまた一気に広がった気がしています。すっかり僕の演じるキャラや年齢層のイメージが「なんでもあり」になりました。「今の和彦ならどんな役でも振って大丈夫じゃない？」という雰囲気が生まれたことは、僕にとってありがたい変化でした。

今まで出会ったキャラクターを積み重ねた先に

たくさんの役を演じてきましたし、どれも優劣は付けられません。ただ、多くの人から愛されるキャラクターというのは間違いなく存在していて、その中でも人気なのが、『NARUTO -ナルト-』のはたけカカシでしょう。

オーディションには原作を3冊くらい読んで臨みました。だらだらしたり格好よかったりとかなり緩急のある役ですが、そこが僕に合っていたのかもしれません。過去にも『天空戦記シュラト』のレイガや『スターザンS』のスターザンSのように二面性のある役をやりましたし、『美味しんぼ』の山岡も緩急のある役でした。そうした積み重ねの先にカカシ先生の演技が出てきたように思います。

カカシ先生の場合は、他の二面性のあるキャラとは逆に、切り替えを意識しないようにしました。「うん、こういう人、近くにいるよね」という感じにしたかったので、「イチャパラ（『イチャイチャパラダイス』というカカシの愛読書）」を読んでツッコまれる普段の先生と、戦闘モードの格好いい先生が、自然な流れでつながるよう気をつけました。

『ＮＡＲＵＴＯ』を収録していた時期に60歳の誕生日を迎え、森久保祥太郎君、伊藤健太郎君、鳥海浩輔君たち男性陣が、みんなでお金を出し合ってプレゼントを贈ってくれました。赤いちゃんちゃんこではなく、なんと「高級ブランドの赤い靴」。その日はみんなで飲みに行って、「靴がめちゃくちゃ格好いいからもったいなくて履けないよ」と言ったら、「履いてください！」と怒られたのが還暦の思い出です（笑）。

最初の頃は毎回のように飲みに行って、みんなベロンベロンになるまで飲んでいました。僕はみんなより「ちょっと（だいぶ）」年上ですが、年齢差が気になることもないぐらい仲間に入れてもらって一緒に遊んでいました。

『ＮＡＲＵＴＯ』のメンバーは先輩後輩ではなく、腹を割って話せる「声優仲間」です。

巡り合うべくして巡り合ったニャンコ先生

『夏目友人帳』も長く続いている作品ですが、途中何年も期間が空いたりして、決して本数が多いわけではありません。でも僕の中では節目、節目で巡り合う大きな存在です。作品全体にゆったりとした空気が流れていて、たくさんの人に愛されていますよね。

アニメ化にあたってオーディションがあったのですが、実はアニメ化が決まる前にＣＤドラマを作っていました。そこで原作者の緑川ゆき先生が、僕と神谷浩史君の声が好きだと言ってくださったらしく、夏目とニャンコ先生を神谷君と僕で演っているのです。

僕自身は、ニャンコ先生と斑の姿があまりに違うので声優も変えた方がいいと思ったのですが、緑川先生とスタッフの皆さんが声をイメージされていなかったそうで「あんまり意識しなくていいですよ」とのことでした。だから、ＣＤのニャンコ先生はちょっと格好いい声でしゃべっているんです。キャラクターの造形を任せていただけるのは、声優としては演じ甲斐のあることです。ギャグ漫画は原作の先生が「好きにやってください」と仰ってくださることが多かったりします。『夏目友人帳』のニャンコ先生や『今日からマ王』のギュンターなどは、先生から「もっとやってください」と言っていただけたキャラでした。

正式にアニメ化が決まり、改めてオーディションに受かってニャンコ先生を演じさせていただけることになったのですが、さすがに斑と同じ声は違和感があったので、少し変えてやったのが今のニャンコ先生です。実はちょうどこの頃、Ｂ－Ｂｏｘで『玉川部長物語！』というオリジナルのＣＤドラマを作っていて、僕はそこで日本語を話す「犬の部長」を演っていました。大好きな滝口順平さんのモノマネをアレンジしたその演技が、自分の中で「これだ！」となって、ニャンコ先生が生まれた気がします。

主人公の夏目を演じている神谷浩史君とは年齢も離れていますが、やっぱり先輩後輩というより、一緒に同じ作品を作っている仲間という感覚です。『夏目友人帳』はコメディではありませんが、ニャンコ先生に関しては自由度が高いですね。監督から「ちょっと歌ってよ」「もうちょっと騒いでよ」と、ざっくりとした指示が出ます。自由に適当に歌っていて生まれたのが「天井のブルース」で、CDまで発売されました。僕のお気に入りのアドリブは、「イカ焼きウォンチュー！」ですね。アパレル会社とコラボしてロングTシャツも作っていただきました。ニャンコ先生のように、キャラクターと声優の演技が相乗効果で一緒に盛り上がって、それを皆さんに楽しんでいただけるのは、僕の声優としての理想ですね。なので、そこも踏まえて、アドリブに関しては「キャラを壊さず膨らませる」ことを大切にしています。

ニャンコ先生は悟ったことを言ったりして、最初こそ大人な感じでしたが、夏目との関係が深まるにつれ崩れていきました。自分では役作りを変えたつもりはないのですが、自然に振り幅が大きくなっていったような気がします。斑になった時のシリアスで格好いい雰囲気とニャンコ先生の振り幅はもちろん、ニャンコ先生だけをとっても、子どもっぽかったり、可愛らしかったり、大人だったり、その大人の中でもシリアス寄りだったり、ふざけた対応だったりとコロコロと変わっていきます。いろいろな感情でしゃべる役なので、振り幅が大きく、もしかしたらそこが愛される理由かもしれません。まったく別のキャラになってしまうと困りますが、いろいろな面が見えた方が楽しいですよね。

2期が終わったときの打ち上げで緑川先生がいらして、「最初はどう動くか想像がつかなかったけど。井上さんが声を当ててくれたことで、ニャンコ先生をこういう風に動かしたいとイメージが浮かんで、そこから原作でもニャンコ先生が活発に動くようになりました」と言っていただけて本当にありがたかったです。このときにいただいた、ニャンコ先生と夏目を描いてくださったメッセージ付きの色紙は、僕の宝物です。

もうすっかり自分の中にニャンコ先生が住んでいて、イベントに行っても自然にニャンコ先生の声や言葉が出てきます。他の役だとアドリブで話すときに「このキャラだとこう言うかな?」と変換するのに時間がかかることがあるのですが、ニャンコ先生だとなんの引っかかりもなく話せますし、「今からずっとニャンコ先生でしゃべって」と言われたら一晩中語れる自信があります（笑）。

それぞれの時代ごとに素晴らしい作品とたくさん出合ってきましたが、『夏目友人帳』とニャンコ先生は、まさにこの年齢で巡り合うべくして巡り合った作品とキャラクターだと思っています。

マッツ・ミケルセンさんの「マイボイス！」で公式認定!?

50代に入った頃から質も量も充実してきたのが吹き替えの仕事です。自分の演じられる幅が広がっていくにつれ、本格的に吹き替えのお芝居をいただけるようになった気がします。

海外の連続ドラマが大ヒットしてどんどん新作が入ってくるようになり、僕は

『ＬＯＳＴ』の主人公、ジャック・シェパード役を6年近く演らせていただきました。『ＮＣＩＳ ネイビー犯罪捜査班』シリーズのリロイ・ジェスロ・ギブス役は２０１１年に始まって現在も続いています。ギブス役のマーク・ハーモンさんの実年齢は僕より少し上なのですが、ネイビー捜査官のボスという貫禄のある役ですから、最初は「ボス役？　俺がこれやるの⁉」と悩みながら演じていました。僕は実年齢よりずっと若い役をいただくことが多く、『ＮＡＲＵＴＯ』のカカシ先生を始めたのも48歳のとき。それがギブス役と出会って、「ああ、和彦は、こんなのもやってるのか」と、アニメでも洋画でも、年配の役を振っていただけるようになりました。

ギブス役を僕に振ってくださったのは中野洋志さんというディレクターさんですが、僕が20代の役を演じることが多かった頃に40〜50代くらいの実年齢に近い役に挑戦させてくださいました。「えぇ⁉　いや、これできるかな？」と思いながら頑張って演じたのですが、それからも中野さんは、僕が演じやすい役より少し背伸びした年齢の役を振ってくださいました。僕はそうやって成長するチャンスを与えていただけていたのです。

吹き替えもアニメも、役の気持ちになってお芝居をすること自体は変わりません。だから、俳優さんに声を似せることはほとんど考えていません。意識するのはその人の声ではなく、その演技で何を表現しようとしているのか。洋画の完成品に声を当てるという作業はほんの数日で終わります。でも出演している俳優さんは、何カ月も、ひょっとしたら何年も時間をかけて演じているわけです。僕はその上で出てきた演技に敬意を払って声を当てています。

吹き替えさせていただいた役者さんは皆さん素晴らしい方ばかりですが、個人的には、マッツ・ミケルセンさんの作品が忘れられません。最初に吹き替えたテレビドラマ版『ハンニバル』のレクター博士役をはじめ数多く演らせていただき、『ドクター・ストレンジ』のＰＲで来日されたときは、マッツさんご本人ともお会いすることができました。吹き替えをした俳優さん本人とお会いするのは、マッツさんが初めてでした。

楽屋でお会いしたときにマッツさんの吹き替えをした映画のＤＶＤを持って行き、サインをお願いしました。「すいません。マッツさんの声を担当させていただきました。サインしてもらえますか」と頼むと「君は僕かい？」と、とてもフレンドリーに対応していただけました。

このときのマッツさんは、メディアの前で、「吹き替えは素晴らしい芸術の一つなのに過小評価されている。なので、井上さんに大きな拍手を送ってください」と敬意を表してくださり、最後には「僕の声を日本で当ててくださっている方が、こんなにハンサムで嬉しいです」と持ち上げてくださいました。すぐ横でこの言葉を聞くことができて、「頑張ってきてよかった」と感激しました。

マッツさんとは2023年の大阪コミコンでも久しぶりにお会いしましたが、僕を覚えていて、顔を見るなり「マイボイス！」と駆け寄ってくれたのも嬉しかったですね。

トム・ハンクスさんの演技から受けた影響

長い間、僕は自分の洋画の吹き替えの代表作を聞かれると、『キャスト・アウェイ』のチャック・ノーランド役だと答えてきました。主演はトム・ハンクスさんで、アカデミー賞の主演男優賞にもノミネートされた名作です。トム・ハンクスさんの演技も最高で、僕自身もその内面に近づいた演技ができた気がして、密かに気に入っていました。

この作品を演ったとき、親友に「カズさん、今は何やってんの？」と聞かれ、この作品の名前を伝えると、「すげえ！　カズさんすごいね。ヤバイわ、アンタ。あの作品見たけど、なんか気持ちがすごい来たんだよ」と言われ、吹き替えでもちゃんと気持ちが伝わるんだと自信になりました。

実は、吹き替えのディレクターが『ＮＣＩＳ』と同じ中野さんでした。以前に仕事で関わった人が、また別の仕事で新しく僕の未来を作ってくださっているという巡り合わせのようなものを感じられた作品でもありました。

トム・ハンクスさんの作品は他にもやらせてもらっているのですが、実は最近になって『キャスト・アウェイ』もよかったけど、『クラウド アトラス』もすごかったよな、と思うようになりました。

『クラウド アトラス』は6つの異なる時代の6つの物語が語られる作品で、トム・ハンクスさんは、それぞれの物語で異なった役を演じられています。凶暴な男や若者、おじいさんと年齢もタイプも様々、1本の映画で6つの役を演じているようなものです。衣装やメイクはストーリーに合わせて変えてあるものの、基本的にはトム・ハンクスさんだとわかります。

ところが、映画を見ると、演じる役柄によって、明らかに別人なのです。ちゃんと別の性格を持った別の役としてそこにいる。このすごさに気づいたときは、鳥肌が立つほどでした。

おこがましいようですが、僕が目指しているお芝居も、まさにこれだと思ったのです。「その空間に入って、その役としてただそこにいる」これはお芝居をする上で、一番難しく、だからこそ面白い部分です。内面から出る演技で性格の違いを演じ分けているトム・ハンクスさんの演技は、すさまじいものでした。そして改めて考えてみると、自分がこの作品の吹き替えをしているのです。もしかしたら、自分も自然にトム・ハンクスさんの演技に近づけていたのかもしれない。そう考えると、ますますお芝居をすることが面白く感じられた作品でした。

第6章

いちプレイヤーとして原点回帰

本当にしたかった仕事は……

声優教室を立ち上げ、声優事務所の社長を十数年続けましたが、養成所と事務所の経営を信頼する人に任せ、僕は一人の声優としてお芝居に集中することにしました。事務所の社長をしていた十数年は、会社や養成所のことを考え、他にも舞台の演出や音響監督をしていたので、声優の仕事にかける時間が減ってしまっていたのです。声優の仕事と無縁ではないので、やってきたことを無駄だとはまったく思っていません。ただ、とにかく忙しかったのは事実です。あまりに忙しくて体調に異変が出たこともありました。収録中に舌が上手く回らなくなり、周りの方々を心配させてしまい、収録が中断したこともありました。また、今まではスッと言えていた言葉でもたつき、セリフの尺に追いつかなくなってしまい、演出の方から「今回は1～2字、削っといたよ」と調整していただくようなことも何度か起きてしまったのです。これはいかんぞと思ったのが、社長を辞めた理由です。このままでは声優の仕事を失うかもしれないという状況は、とても怖かったことを覚えています。

荷物を下ろして、いちプレイヤーに戻ってからは、原点のお芝居に集中できるようになりました。声優の仕事は今の方がたくさんやっているはずですが、精神的にはすこぶる元気になった気がします。そして改めて「僕がしたいのは声優の仕事なんだ」と、この仕事ができる幸せを実感したのです。

社長を辞めて身軽になり、心も軽くなりました。以前より幅広く、様々なタイプのキャラクターを演じさせていただけるチャンスが増え、役に向き合うことがより楽しく感じられるようになりました。

『機動戦士ガンダムAGE』は3世代にわたる物語で、僕は2世代目と3世代目のストーリーの中でフリット・アスノ役を演っています。時代が流れていくので、最初は40歳前後でしたが、3世代目の物語で、フリットは60歳を過ぎたおじいさんの役でした。さらにナレーションも担当させていただいたのですが、まだ自分の中で演ったことがない新しいお芝居に挑戦することができました。

『おそ松さん』の六つ子のお父さん、松野松造は、「1回か2回しか登場しません」と聞いていた役です。収録したら「面白いからもっと出しましょう」と言っていただき、出番を増やしていただけました。『美味しんぼ』のパロディまで作っていただいたときは、当時の『美味しんぼ』のスタッフさんにお願いして、場面のカット割りまで同じにするくらいノリノリだったのです。みんなで遊び心を持って一つの作品を作っていく楽しさを実感できました。

最近の作品で『吸血鬼すぐ死ぬ』や『ポプテピピック』は、よく話題にしていただくのですが、そこまで何かを狙って派手に演じたわけではなく、現場の遊び心がいい方向にハジケたのかなと思います。『ポプテピピック』はキャスティングの仕方にも遊び心があって話題になった作品で、1回しか登場しないのにこんなに喜んでもらえるんだと、不思議な感じがしました。

『吸血鬼すぐ死ぬ』のY談おじさんは、まず、すごい役名ですよね。最初はこの役名に合わせて「ちょっといやらしいおじさん」のイメージで演ってみたんです。ところが「和彦さん、Y談おじさんは真面目に演ってください」とすぐ修正されました。Y談おじさんは言ってることはメチャクチャなのですが、彼はただ真面目にしゃべっているだけ、という部分がポイントだったのです。放送後のインパクトは強烈で、すぐ知り合いから電話がかかってきて「和彦の名前がトレンドに上がってるぞ。Y談おじさんを演ってるんだって?」と言われました。皆さんが「Y談おじさん　井上和彦」でSNSに書き込んでくれたんですね。僕は普段の現場では「和彦さん」と呼ばれていますが、この作品だけは「『Y談おじさんの』和彦さん」、「Y談おじさん、お願いします」と呼ばれていました。

シリアスから下ネタまで、どんな役でも楽しんでいる今の僕は、ある意味で無敵かもしれません（笑）。

東日本大震災を機に「声援団」設立

２０１１年3月11日。東日本大震災が発生しました。

僕は翌日にイベントの予定があったのですが中止です。余震が続く中で皆さんと同じように不安を抱えたまま過ごしていました。そんな中でふと思い立って関智一君に電話をして「イベント中止になっちゃったけど、何かできないかな？」と相談すると、彼はすぐ事務所の会議室を借りて、「ここで集まりましょう」と動いてくれたんです。地震から4日後、「声援団」ができました。

最初は僕が団長を務めていましたが、途中で勝杏里君へと引き継ぎました。勝君は僕の声優教室の卒業生で、共演者としてスタジオで初めて会ったときは感慨深かったですね。僕が主役のフランク・マーティン役で出演した映画『トランスポーター』テレビ版の吹き替えでした。勝君はまだ名前のある役ではなかったのですが、それでも「おー、やっと一緒になれたね」と、収録後に一緒に打ち上げに行きました。嬉しすぎて1軒では収まらず、そこからハシゴして夜中の3時頃まで飲みました。あのときのお酒は美味しかったですね。

僕の友人に、BAYFM78でＤＪをしているＫＯＵＳＡＫＵ君がいます。彼はずっとボランティア活動をしている方で、このときもすでに被災地のために寄付や物資を募って送り届ける作業を始めていました。「和彦さんも一緒に行きませんか」と誘っていただき、4月にはボランティア集団チーム「まるごみ」さんや「A-TRUCK」さんとの合同企画で岩手県陸前高田市へ向かい、焼きそば１０００人分を作る炊き出しのお手伝いをしました。

「声援団」は現在も、勝杏里君、かないみかさん、伊藤健太郎君、檜山修之君、甲斐田裕子さんを中心として、頼れる仲間たちと共にライブを開催したり、チャリティーオークションをしています。まだまだこれからも「できる範囲でできるときに」活動を続けていこうと思います。

音楽ユニット「FULL Kabs」結成で原点回帰

60歳になって三ツ矢雄二君と水島裕君と僕の3人で芝居をしたのですが、普段とは全然違う自由な感覚を共有できた気がします。演じた役柄はすごく大変だったのですが、本番では、余計なことを考えずにフッと舞台の上に立てた感覚があったのです。観に来てくださった先輩やお客さんからも、たくさん褒めていただけました。普段はそこまで褒められると、逆に「話半分でしょ？」と思ってしまいますが、この舞台は「ああ、やっぱり。あれでいいのか」と、ちょっとだけ何かが理解できた気がしました。

役者として経験を積み重ねて得た感覚が自然に出せたのは、ずっと同じ世界で一緒に走ってきた二人との関係性があったからかもしれません。三ツ矢君と水島君は僕にとって同じ時代を戦ってきた戦友のような存在です。若い頃はオーディションが重なることも多く、役がもらえず悔しい思いをしたこともありました。さすがにベテランになってからはそんなことはありませんが、いつも活躍を耳にしては「僕も頑張らないと」と思わせてくれる存在です。

この舞台から3年後に3人で「FULL Kabs」というユニットを結成してCD「FULL Kabs～伝説（レジェンド）には未だ早い！～」を制作し、コンサートも開きました。ユニット名の名付け親は戸田恵子さんで、意味はもちろん「古株ズ」です。

コンサートは昼夜の2回公演で、昼が「デビューコンサート」、夜は「解散コンサート」。観客の皆さんには芯を抜いた紙テープを持ってきていただき、テープまみれになって歌う夢も叶いました。何を歌うか3人で話し合ったとき、最初に出てきたのが、富山敬さんの「アニメーション・ドリーム」という歌です。「これは絶対歌いたいよね」と3人で盛り上がりました。歌の歌詞が2番までしかなかったので、3人で歌えるように、当時作詞をされた藤公之介先生にお願いして3番まで作っていただきました。僕は今もこの歌を聞くたびに、アニメは自分たちの仕事の原点だと再確認しています。チャンスがあったら是非聴いていただきたい歌です。

ベテランはつらいよ

長くお仕事を続けてくると、時に分不相応な大御所として扱っていただくことがあります。『サイボーグ００９ THE CYBORG SOLDIER』では、「今回はラスボスの役なんですけど、出演していただけますか?」と丁寧なオファーをいただきました。今まではこうした打診があることはめったになく、僕はかなり驚いてしまいました。「いいですか?」どころか「喜んで」出演させていただくに決まっています。

スタッフさんとお話をして「００９を演られていた和彦さんに頼んでもいいのかなって悩んだんです」なんて話をされると困ってしまいます。

「いやいや、そんな風に遠慮されてしまうと、仕事がなくなりますよ。どんどん声かけてください」
「いやあ、でも、おこがましくて」

という会話をしましたが、社交辞令ではなく本気でそう思っています。年齢やキャリアで構えられてしまうのは、ある程度仕方ないのかもしれませんが、演じる側としては穏やかではありません。どこかに飾られてしまうより、どんどん使ってほしいんです。

役者は偉くなってはいけないのかもしれません。役者は様々な役を演じるのが仕事ですから、人の気持ちがわからなくなるような態度をとってしまうようでは、もうおしまいです。これは年齢に関係なく言えることですが、どんなに表現の技術がすごくても、「この場面ならこういう感じでしょ」と決めつけた演技をしてしまうと、周りは困ってしまいます。もしそういう居丈高《いたけだか》な態度をとり続けていたら、この仕事を続けていくのは難しくなると思います。長い間、第一線の現場で活躍されている方々にそういった人は一人もいません。若い人が必要以上に構えてしまうことなく、リラックスした状態で作品に参加できるようにするのは、年上の役者の役割かもしれませんね。

２０２２年、僕がコロナに罹ったとき、大先輩の羽佐間道夫さんからお電話をいただきました。

「おい和彦、大丈夫か？」
「あー、大丈夫です」
「生きてるか？」
「はい、生きてます」

もちろん現場では何度も共演させていただいていますし、飲みの席でご一緒させていただくこともあります。でも、親身なお電話をいただき、ビックリすると同時に先輩の優しさが嬉しかったです。

サラッとこういうことができるのは本当に格好いいと思います。若いときは後輩として先輩方に可愛がっていただきましたが、今は僕も先輩の立場。やっぱり若い人たちに愛されるおじちゃんでいたい。

声優は楽しいけれど、厳しい世界でもある

おそらくこの本を読んでくださっている人の中には、声優になりたいと思っている若い人もたくさんいるのかなと思います。これから声優を目指す「あなた」に伝えておきたいのは、「声優は楽しいけれど、厳しい世界でもある」ということです。

声優として仕事を続けていくには、自分にしかできないお芝居を探していかなければなりません。例えば「この役はこの人でなければいけない」と選んでいただくための個性が必要です。個性については、多くの現役の声優さんも悩む部分でもあるでしょう。

僕自身も、若い頃はたくさんの同世代の天才に囲まれて、自分の個性を模索した時期がありました。みんなが前面で目立った活躍をするなら、僕は一歩引いた落ち着いた感じでやってみようとか、無理矢理自分の個性を作ろうとしたこともあります。でも、無理に作ろうとしても、それは嘘の個性で、すぐ崩壊してしまいます。自分の個性がどんなものなのかなんて、自分ではなかなか見えないものです。他の人が見て、「君のいいところはここだよ」「今の芝居は和彦らしいね」と言っていただけることがあれば、それが個性です。だからお芝居では、まず自分が感じたままを出すしかありません。それが積み重なって自分のスタイル、自分らしさになっていくはずです。

考えてみれば、どんな偉大で個性的な先輩も、最初はガヤからのスタートです。最初からとんでもない何かを生み出していたわけではありません。ちゃんとした表現の土台を固めていき、その上で、基礎の部分からはみ出したものが自分らしさにつながっていくのだと思います。

一つの役が決まるとき、その後ろには何百人という落とされたプロの役者が存在します。まずは役の候補に選んでいただき、選ばれた多数の候補者からさらに選ばれて選ばれて、最後に残った一人だけが役を演じることができる。二番目でも三番目でもダメで、一番でなければ意味がない。そういう世界です。そこにたどり着くのはとても厳しく、一人の喜びの後ろでは、たくさんの人が悔しさを味わっているのです。一番に選んでいただけるように「自分にしかできないお芝居」を探し続けるのですが、個性があると周りの方々に言っていただけるようになっても、選ばれないことの方が多い世界です。

これに耐えられないと、這い上がっていけません。挫折はしてほしくありませんが、目指す場所まで行くには自分なりに最大限の努力をしなくてはならず、それでもなお届かないことはザラにあります。努力が必ず報われる世界ではないのです。そのつらさに耐える覚悟は、あらかじめ持っておくべきでしょう。

覚悟を持つというのは自分一人だけの問題でもありません。あなたの周りの人たちにも関係があることです。自分の好きに生きる、自分の夢を追いかけるということは、あなたの家族に心配をかけることでもあります。周囲の人に理解してもらうことも必要だと思います。

お芝居をすることの楽しさは保証します。たとえプロにならなくても、お芝居を通して見えてくる世界は、これから先のあなたの人生をとても豊かなものにしてくれるはずです。一番になれなくても、声優になる夢が叶わなかったとしても、無駄にはならないはずです。

夢を追うにはやっぱり様々な覚悟が必要なのです。厳しさをわかった上で、それでも「なりたい、続けたい」と覚悟を決めたなら、是非夢に向かって精一杯頑張ってほしいなと思います。

エピローグ

声優として「できない、できない。まだまだ」と思っているうちに、いつの間にか50年経ってしまいました。今でも「もっとこうしたい、ああしたい」と思い続けています。

経験を積み重ねるほどに、やりたいこと、できるようになりたいことが増えていくのです。だからなのか、昔なら及第点と思えたような仕事でも、その場で上手くできたと思っても、オンエアを見てガッカリすることが多いのです。2〜3カ月後に見返してみると、全然満足できません。こんな感覚は若い時期だけだろうと思っていたのですが、現実はそうでもないようです。

僕はよく生徒に「できたと思ったら、そこで終わるよ」と言っているのですが、これは自分自身に言い聞かせていることでもあります。

実際、30代の半ばに「声優はもういいかな」と気持ちが折れかけたとき、それは乗り越えられない壁があったからではありません。それなりに経験を積んだことで、下手なくせにできたような気になっていたからなのです。十分だと満足してしまえば、仕事は退屈になり、成長できなくなってしまいます。

今、僕は原点に返ってきた気がします。

僕の原点は、「お芝居することが楽しい」です。そして、以前は「苦しいことの向こうに楽しさがある」と考えてきました。今は「楽しむために苦しもう」と仕事への意識も変わってきました。

やればやるほどお芝居の面白さと難しさが見えてくる気がします。どれだけやっても満足することはありません。

だからいつまで経っても楽しいのでしょう。

今回、本を出しませんかとお話をいただき、自分の声優人生を振り返る機会を持つことができました。僕の人生は順風満帆な成功に満ちたものではありません。むしろ仕事でも仕事以外のことでも失敗することが多く、落ち込むことの方が多かったのではと思うほどです。それでも、ラッキーなことに僕は多くの人に支えられ、困難を乗り越えてくることができました。そしていいことも悪いことも、自分の身に起きたあらゆる経験が、役者として成長する糧となってきたのだと、改めて実感することができました。

よく、成功より失敗の方が学ぶことが多いと言われますが、本当にその通りだと思います。この本を読んでくださった一人でも多くの人に、「失敗しても大事な経験だと受け入れ、恐れずに決断し一歩を踏み出す勇気」を届けることができたら、こんなに嬉しいことはありません。そうしたら、僕の経験は役者としてだけでなく、ここでも無駄にはならなかったということになりますね。

人生がままならないものであるならば、ロードバイクもウインドサーフィンもできるときに楽しみたい。やったことがない一人旅もしてみたい。そしてもっとたくさんのいい作品や面白い演技を残したい。先輩方が残してくださっているお芝居は、今見ても感動しますし、大笑いもします。自分もそうなりたいのです。もし僕がいなくなって20年経って『夏目友人帳』を見て笑ってくれる人がいたら最高に嬉しいし、もっともっと長く見てもらいたい。そういう作品にたくさん関わりたいのです。

僕はまだまだ声優という仕事を楽しもうと思います。よりたくさんの作品に関わりたいのです。シリアスな役じゃなくても、フザケた役でもハジケた役でも、見てくれる人が楽しんでくれるのならどんな役だってやりたい。

一本でも多くの作品を――そんな想いで、僕は今日もマイクに向かいます。

NHK朝ドラ『ブギウギ』をもっと楽しむ！

戦後の日本を「ブギウギ」で明るく元気にした

笠置シヅ子の波乱の人生を実際のエピソードと言葉・写真で辿る！

笠置シヅ子 その言葉と人生

監修 亀井ヱイ子（笠置シヅ子息女）

著 四條たか子

定価1540円（税込）

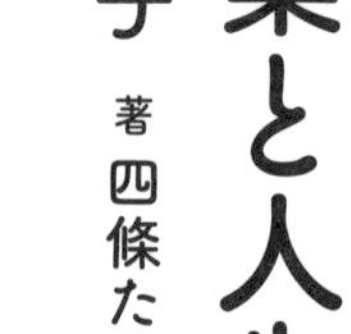

インタビュー

息女・亀井ヱイ子氏が語る
笠置シヅ子の素顔

宝島社　お求めは書店で。 宝島社 検索　好評発売中！

宝島社新書

証言 大谷翔平

張本勲＋野村克也＋江本孟紀 ほか

米メディアも絶賛！
「世界の大谷」の原点

2018年の大谷メジャーデビュー時に、花巻東高校時代のチームメイト、日本ハム時代のコーチ・同僚、甲子園で激闘を繰り広げたライバルほかに聞いた大谷翔平の秘話集。さらに、元メジャーリーガー・川﨑宗則のインタビューも収録！

定価 880円（税込）
［新書判］

宝島社　お求めは書店で。　宝島社　検索　好評発売中！

雑誌『リンネル』の人気連載
「へそまがり」の書籍化第2弾!

へそまがりな私の、ぐるぐるめぐる日常。

菊池亜希子 著

定価 1595円（税込）

俳優、モデル、母、妻、そして自分。
ぐるぐるとうずまく感情を
思いのままに綴ったエッセイ集。

子どもの“好き”を100%受け入れられるおおらかな母になれたらどれだけ楽か。
自分の“好きじゃない”を“好き”もしくは“気にしない”に変換するには
一体どうしたらいい？とぐるぐる悩む母をよそに、イコ坊（娘）は我関せず
といった感じでズンズンぐんぐんイコ坊道を突き進んでいる。

――『リュックサック』より

宝島社　お求めは書店で。　宝島社　検索　**好評発売中!**

マネジメント　西山祐加里・高橋里依（B-Box）

ブックデザイン　鈴木成一デザイン室
写真　倉持アユミ
撮影協力　辻井 元（フェザーファクトリー）
三木恵子・鎌田真后・宍戸絵美（Planet Movie）
スタイリング　佐野 旬
衣装協力　Losguapos・JACKROSE・BANANA REPUBLIC
ヘアメイク　後藤真弓
DTP　柳本慈子
校閲・校正　聚珍社
編集　吉原彩乃
編集協力　野口朋美・常松裕明

井上和彦（いのうえ・かずひこ）

声優。1954年3月26日生まれ。1973年デビュー。男らしさと艶と品を兼ね備えた声質で、1976年の『キャンディ♡キャンディ』でアンソニー役を演じ注目を集め、『サイボーグ009』の島村ジョー役で人気を決定づけた。『リトル・マーメイド』のエリック王子の吹き替えも務める。キャリア初期はヒーロー役を多く演じ、1980年代半ばから主人公のライバルやコメディリリーフ、悪役なども多く演じるようになる。その他の代表作に『美味しんぼ』の山岡士郎、『NARUTO』のはたけカカシ、『ジョジョの奇妙な冒険』のカーズ、『夏目友人帳』のニャンコ先生／斑など。『インディ・ジョーンズと運命のダイヤル』やテレビドラマ『ハンニバル』シリーズのマッツ・ミケルセンなど、吹き替えも多数。

風まかせ

声優・井上和彦の仕事と生き方

NFTデジタル特典付き

2024年3月26日　第1刷発行

著者　井上和彦

発行人　関川 誠

発行所　株式会社宝島社

〒102-8388 東京都千代田区一番町25番地

営業：03-3234-4621 編集：03-3239-0927

https://tkj.jp

印刷・製本　サンケイ総合印刷株式会社

本書の無断転載・複製を禁じます。

乱丁・落丁本はお取り替えいたします。

©Kazuhiko Inoue 2024

Printed in Japan ISBN978-4-299-04677-2